# Ficción fatal

Manuel Arias Maldonado

# Ficción fatal
## Ensayo sobre *Vertigo*

taurus

Papel certificado por el Forest Stewardship Council®

Penguin
Random House
Grupo Editorial

Primera edición: enero de 2024
Primera reimpresión: febrero de 2024

© 2024, Manuel Arias Maldonado
© 2024, Penguin Random House Grupo Editorial, S. A. U.
Travessera de Gràcia, 47-49. 08021 Barcelona

Imagen pág. 19 (abajo): © Paradise Films / Unité Trois / Album;
imagen pág. 93 (arriba): © Shamley Productions / Album; imagen pág. 190:
Allstar Picture Library Ltd / Alamy; imagen pág. 239: © Alamy; imagen pág. 70,
perteneciente al Archivo Buñuel, facilitada por la Filmoteca Española.

*Printed in Spain* – Impreso en España

ISBN: 978-84-306-2638-0
Depósito legal: B-17.820-2023

Compuesto en Arca Edinet, S. L.
Impreso en Liber Digital, S. L., Casarrubuelos (Madrid)

TA 2 6 3 8 0

*Para Adriana,* partner in crime

# ÍNDICE

Introducción: Reapariciones fantasmales . . . . . 13
    Vitalidad de los muertos . . . . . . . . . . . . . . 22
    *The Trouble with Alfred* . . . . . . . . . . . . . . 34
    Mapa para un laberinto sin salida . . . . . . . . 42

1. Alfred Hitchcock presenta . . . . . . . . . . . . . . 47
    *Vertigo* sobre el papel . . . . . . . . . . . . . . . . 53
    Aproximaciones genealógicas . . . . . . . . . . . 59
    Salón de espejos múltiples . . . . . . . . . . . . . 66
    ¡Silencio, se rueda! . . . . . . . . . . . . . . . . . . . 75
    Coda: de la partitura al estreno . . . . . . . . . . 88

2. Formas significativas . . . . . . . . . . . . . . . . . . 97
    Clásicos modernos . . . . . . . . . . . . . . . . . . . 106
    Convenciones y desviaciones . . . . . . . . . . . 118
    Hitchcock dentro de Hitchcock . . . . . . . . . 127
    La forma del fondo . . . . . . . . . . . . . . . . . . 132
    Intoxicaciones sensoriales . . . . . . . . . . . . . 139

3. Espacios inseguros . . . . . . . . . . . . . . . . . . . 149
    «V» de *voyeur* . . . . . . . . . . . . . . . . . . . . . . 152
    Identidades quebradizas . . . . . . . . . . . . . . . 161

Desventuras del hombre disponible . . . . . . . 168
De lo surreal a lo terrenal . . . . . . . . . . . . . . 178
Pasiones desordenadas . . . . . . . . . . . . . . . . 187

4. Ficciones fatales . . . . . . . . . . . . . . . . . . . . . . 197
Lo que Judy sabía . . . . . . . . . . . . . . . . . . . 199
Accidentes emocionales . . . . . . . . . . . . . . 210
Hotel Empire Blues . . . . . . . . . . . . . . . . . 219
Deambulando por la ciudad imaginada . . . . 232
Promesa y mentira del psicoanálisis . . . . . . . 243
Madeleine nunca estuvo allí . . . . . . . . . . . 250

*The End* . . . . . . . . . . . . . . . . . . . . . . . . . . . . 263

Bibliografía . . . . . . . . . . . . . . . . . . . . . . . . . . . 267
Índice alfabético . . . . . . . . . . . . . . . . . . . . . . . 281

*When you fall in love, no one is a pro.*

BEN GAZZARA en *Todos rieron*
(Peter Bogdanovich, 1981)

La criatura que amamos puede perecer
en cuanto la perdamos de vista; y si fallece, ¿quién volvería a traerla?

ELIAS CANETTI, *Libro de los muertos*

Fotogramas
Dislocados
Mis recuerdos
Alterados
Introduces
Impresiones
Dolorosas
Sensaciones
He debido
Equivocarme
He debido
Suicidarme
Hoy me veo
Encadenado
En un círculo
Encerrado.

AVIADOR DRO, «Obsesión»

# INTRODUCCIÓN:
## REAPARICIONES FANTASMALES

*Vertigo* se expuso por primera vez a la mirada del público hace más de sesenta años; fue en el Stage Door Theater de San Francisco, ciudad que puede contarse entre los personajes del film, el 9 de mayo de 1958. ¡Ocasión memorable! Y privilegio de pocos, ya que la película no tardó en desaparecer; aunque parezca mentira, este producto del sistema de estudios hollywoodense se convirtió en un fantasma sin contacto con los vivos. Pero no hay nada sobrenatural en su desaparición; tras recuperar en 1967 los derechos de las obras que había realizado para la Paramount entre 1953 y 1960, Hitchcock se apresuró a retirarlas del mercado con el propósito de firmar jugosos contratos televisivos. Solo en 1973 comenzarían unas negociaciones tan largas y complicadas que el realizador inglés no pudo asistir al reestreno de la película en 1983; había fallecido en Los Ángeles, octogenario ya, tres años antes. Fue entonces cuando las imágenes de *Vertigo* regresaron de entre los muertos, ante el asombro de unos espectadores que se habían olvidado del film. De aquel asombro no hemos salido todavía.

Admirador confeso de la cinta, el cineasta francés Chris Marker recordaba haber asistido por aquellas fechas a su proyección en el Pacific Film Archive de Berkeley. Todo lo que se rumoreaba sobre ella, recibida como había sido con cierta hostilidad por la crítica de finales de los años cincuenta, era que se trataba de un thriller menor. Durante la sesión, cuenta Marker, el público se mostró maravillado ante unas panorámicas de San Francisco en las que los rascacielos destacaban por su ausencia: la propia ciudad regresaba inesperadamente del pasado. Para que la obra recuperase su esplendor original, con todo, aún hubo que esperar; la intachable restauración ejecutada por Robert Harris y James Katz no se completó hasta 1996, momento en que *Vertigo* fue exhibida de nuevo —con un notable éxito de público— en salas de todo el mundo. Al fin pudo verse tal como Hitchcock la había concebido; tras rodarse en unos majestuosos 65 mm, la Paramount había prescindido de los negativos originales y distribuyó copias estándar de 35. En cierto sentido, *Vertigo* tardó casi cuarenta años en estrenarse; muchos cinéfilos dejaron este mundo sin llegar a disfrutarla.

Se hace así evidente que la historia del arte es, para empezar, la historia de las condiciones de recepción del arte. Esta fórmula general se aplica al cine de manera particular; durante mucho tiempo, las películas solo eran accesibles allí donde llegaban a estrenarse y únicamente mientras se mantuvieran en cartel. Antes de la televisión, no digamos del VHS o el DVD, resultaba casi imposible entrar en contacto con la historia del cine. De ahí que la intelectualidad cinéfila solo surgiera en las grandes capitales, donde las filmotecas mantenían vivo el pasado a través de sus retrospectivas. La situación es hoy bien distinta: la democratización propiciada por la televisión y por las distintas tecnologías de almacenamiento visual, que encuentra su complemento ideal en el abaratamiento progresivo de los proyectores domésticos, hace inconcebible que una de las grandes obras de arte del siglo xx desapareciese durante tantos años. Este insólito escamoteo vino a dar la razón al escritor cubano Guillermo Cabrera Infante, uno de los primeros valedores de la cinta, cuyo comentario crítico fechado en 1962 contiene una certera profecía: «*Vertigo* ha sido mal entendida: será cabalmente comprendida dentro de veinte o treinta años». Tal vez Hitchcock, al retirarla de circulación, quiso dar tiempo a su tiempo.

Yo mismo recuerdo haberla visto en algún momento de mi adolescencia, a finales de los años ochenta, en aquella televisión pública española que promovía de manera admirable la difusión del cine clásico. Recuerdo mi sorpresa ante la revelación de lo sucedido en el campanario; el espectador de *Vertigo* solo es inocente una vez. Como hacía con otros títulos de Hitchcock, la grabé en VHS y me la ponía a menudo, solo o en compañía de mis hermanas; fue más tarde cuando tuve ocasión de asistir a alguna proyección en sala de cine. Pero ¿cómo puede escribirse en 2023 de una película que se conoce desde —calculo— 1987, pero a su vez data de 1958? Es difícil no experimentar cierta extrañeza ante semejantes saltos temporales; la obra sigue intacta e incluso se nos presenta rejuvenecida en sucesivos soportes técnicos, mientras nosotros vamos envejeciendo como lo hicieron sus actores. Solo Kim Novak, que tenía veinticinco años cuando se estrenó, sigue por ahora en pie; larga vida a nuestra Madeleine. Huelga decir que Madeleine no es para nosotros la misma en la adolescencia que en la madurez; también en eso vamos cambiando. Y el espectador que uno lleva dentro siente curiosidad por saber qué emociones le despertará *Vertigo* cuando hayan pasado —toquemos madera— diez o veinte años.

Tengamos en cuenta algo que es fácil pasar por alto: la película fue contemporánea de sus contemporáneos. Todo en ella tiene hoy para nosotros un aire retro, lo que no solo incluye las calles de San Francisco y los coches que circulan por ellas, sino que vale asimismo para el estilo interpretativo de los actores o el ritmo de la narración. En 1958, sin embargo, *Vertigo* se situaba en su propio tiempo; los artefactos que aparecen en ella no eran objetos entrañables con los que relacionarse de manera nostálgica, sino el último grito en una sociedad rica y tecnológicamente avanzada. El estudioso argentino Eduardo Russo ha señalado la paradoja de que el cine *clásico* fuese una experiencia *moderna* para sus coetáneos: un «modo superlativo de vivir el momento» que, además, ejercía la función de «dispositivo acelerador de los tiempos culturales». ¿Hace falta recordar las célebres comedias *screwball* de los años treinta, con sus heroínas independientes y su tempo alocado? A su lado, los antiguos somos nosotros.

Por algo ha subrayado la historiadora alemana Miriam Hansen que Hollywood representó desde el principio una encarnación de lo moderno, un medio estético puesto al día con los métodos fordistas-tayloristas de producción industrial y consumo de masas. O sea, un símbolo más del optimismo reinante en aquel presente vertiginoso. Hansen habla de una modernidad *vernácula* con aspiraciones *universales*, cualidad que distinguía a aquel cine mudo que podía comprenderse igual en Ohio que en Shanghái. Se puede decir lo mismo de *Vertigo*: enraizada en su lugar y localizada en su presente, nos habla de cosas que difícilmente van a dejar de importarnos. Bien es verdad que el tiempo no se detiene: ¿llegará el día en que sus potenciales espectadores la vean con la misma distancia con que contemplamos hoy los autos sacramentales del teatro renacentista? No puede descartarse. Y ello pese a que las grandes obras —a fuerza de serlo— terminan por crear su propio mundo, emancipándose no solo del tiempo en que fueron creadas, sino también del momento en que nos relacionamos con ellas; como si no nos vieran. Asomémonos entonces a *Vertigo* sin olvidar que perteneció a su época, por mucho que esta la recibiera con tibieza; celebremos que Madeleine y Scottie se han salido ya del tiempo.

Desde su reestreno en 1983, el consenso crítico no ha hecho sino acrecentarse y el thriller menor se ha convertido en una obra mayor resistente a cualquier clasificación genérica. Su trayectoria ascendente puede rastrearse en las sucesivas encuestas que la revista británica *Sight & Sound* hace cada década preguntando a críticos y cineastas de todo el mundo por las mejores películas de la historia. Durante el largo reinado de *Ciudadano Kane*, *Vertigo* pasó del cuarto lugar en 1992 (pasados solo nueve años de su regreso a las salas) al segundo de 2002 (seis años después del estreno de la versión restaurada); hubo que esperar a 2012 para que Hitchcock desbancara a Welles. Pero tenía razón el crítico estadounidense David Thomson cuando predijo que el reinado de *Vertigo* era insostenible: la fantasía de un detective que necesita retocar a una mujer para adaptarla a su ideal masculino no podía seguir encabezando este canon informal en pleno auge del discurso feminista. En la última encuesta de la revista, publicada en 2022 con la participación de una comunidad ampliada de votantes en la que por primera vez figuraban archivistas o curadores de museo, *Vertigo* volvió —no es poca cosa— a la segunda posición. Es significativo que haya sido reemplazada en la cima por *Jeanne Dielman, 23, quai du Commerce, 1080 Bruxelles*, película que la cineasta belga Chantal Akerman realizó en 1975 con un tema que parece el reverso del que trata Hitchcock: el espectador asiste durante tres horas al minucioso espectáculo que proporciona la vida cotidiana de un ama de casa que se prostituye por las tardes y que termina por asesinar a uno de sus clientes. ¡Del *technicolor* al claroscuro! Pero no está claro cuál de las dos películas es más sombría.

Pese a este breve paso por la cima, el lugar de *Vertigo* en el imaginario occidental parece bien asentado: la película ha sido objeto de un sostenido culto cinéfilo que no presenta visos de interrumpirse. Marker dejó dicho que «utopía» significaba para él la posibilidad de alquilar el apartamento de Scottie en el número 900 de Lombard Street, sueño que pudo cumplir en 1982. To-

davía hoy se ofertan en San Francisco tours dedicados a visitar las localizaciones del film; de las paredes de la tiendecita que vende souvenirs en la misión Dolores de San Francisco cuelga una foto de Hitchcock tomada allí mismo durante el rodaje. Su profunda huella sobre el cine del último medio siglo es difícil de cuantificar; Marker mismo ha dicho que *La jetée* es una suerte de *remake* de *Vertigo*, y no hace falta que De Palma nos aclare que *Obsesión* la toma como referente directo. Hay quien se ha tomado demasiado en serio la idea de revisitar el film: los estudios Paramount han anunciado su intención de producir una nueva versión del clásico de Hitchcock con Robert Downey Jr. en el papel de Scottie, sin que nadie se haya molestado en explicar todavía qué se quiere —además de dinero— ganar con eso.

Más respetuosos han sido los realizadores que han aludido a ella en películas de todo tipo. Pensemos en la fantasmal aparición de la novia perdida en *Vicio propio*, adaptación que hace Paul Thomas Anderson de la novela homónima de Thomas Pynchon; en el seguimiento de una joven por las calles de Estrasburgo, a cargo de un hombre que dice conocerla, en el transcurso de *En la ciudad de Sylvia*, de José Luis Guerín; en la superviviente de Auschwitz que regresa en busca de su marido y, no siendo reconocida por él, se somete a una operación de cirugía plástica para parecerse a sí misma sin revelar su identidad en *Phoenix*, de Christian Petzold. Es divertido el guiño que hace Arnaud Desplechin en su *Cuento de Navidad*, donde la matriarca interpretada por Catherine Deneuve contempla un cuadro igual que lo hacía Madeleine en *Vertigo* y se inserta un primer plano del broche con la estrella de David que lleva al cuello la novia de su hijo. Algo parecido había hecho Carlos Saura en *Peppermint frappé*: José Luis López Vázquez contempla a una Geraldine Chaplin que aquí es rubia ante un cuadro de Carlos Saura en el Museo de Arte Abstracto de Cuenca. Más sutilmente, Bette Gordon nos presenta en *Variety* la creciente obsesión voyeurística de una joven neoyorquina que sigue al hombre que la ha abordado en la taquilla del cine erótico donde trabaja. Diego Moldes ha encontrado el rastro de *Vertigo* en obras como *That Cold Day in the Park*, de Robert Altman, o *Código desconocido*, de Michel Haneke. Y no olvidemos *Twin Peaks*, serie televisiva de David Lynch y Mark Frost que abunda en personajes cuyos nombres homenajean al cine clásico; la actriz que da vida a la asesinada Laura Palmer,

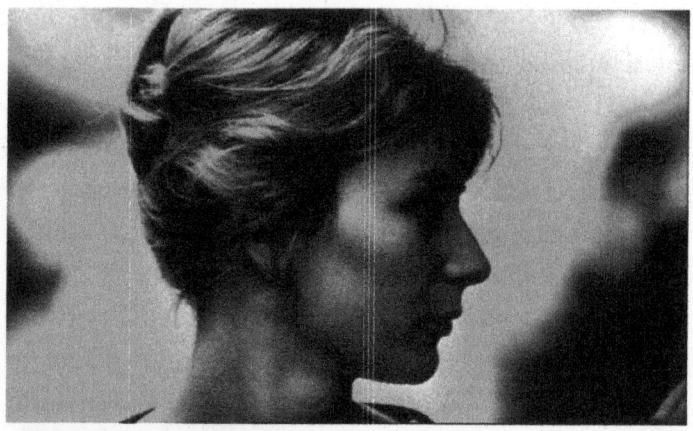

Sheryl Lee, reaparece en el tercer episodio interpretando a una prima de la difunta que se viste de manera diferente y se llama… Madeleine.

En otra clave, el cineasta Guy Maddin ha reconstruido *Vertigo* en *The Green Fog* usando metraje de viejas películas y series de televisión, mientras que fotógrafas como Cindy Bernard, Jean Curran y Catherine Opie han reelaborado de distintas formas sus fotogramas y localizaciones. También el mundo de la moda ha recurrido a *Vertigo* como inspiración u objeto de homenaje: ahí está la colección de Fendi para el verano de 2021, titulada como el film e inspirada en algunos de sus motivos visuales, por no hablar del *spot* publicitario que el director de cine Luca Guadagnino hizo ese mismo año para Ferragamo. Y no faltan los escritores que usan el film como ingrediente novelístico: *Madeleine E.*, firmada por el escritor estadounidense Gabriel Blackwell, narra en primera persona una obsesión amorosa que se entremezcla con las notas que el narrador va tomando cuando se pone *Vertigo* en casa noche tras noche. Es oficial: *Vertigo* constituye el recurrente placer de pequeñas multitudes.

## VITALIDAD DE LOS MUERTOS

Según cuenta el guionista Samuel Taylor, Hitchcock utilizaba el concepto de *icebox talk* para referirse a las películas que impresionan al espectador: tras llegar a casa, uno se encuentra hablando con la nevera. Hace ya mucho tiempo que el hielo de aquella velada inaugural se derritió y hoy solemos consumir cine en la intimidad del hogar, pero la conversación sobre *Vertigo* no se ha detenido. ¿Por qué? ¿Cómo se explica su vitalidad inagotable? Chris Marker apunta en la dirección correcta:

> *Todos* los gestos, miradas y frases en *Vertigo* tienen un doble significado. Todo el mundo sabe que es probablemente la única película donde una visión «doble» no solo es aconsejable, sino indispensable para releer la primera parte de la película a la luz de la segunda.

Así es: la riqueza semántica de la película es inherente a su contenido. La académica Paula Marantz Cohen ha señalado que el cine de Hitchcock puede seguir generando suspense incluso cuando los elementos de su trama han dejado de sernos extraños; lo que entra en juego cada vez que volvemos a sus films es un suspense «conceptual» que concierne al destino de las ideas más que al de los personajes. *Vertigo* sería un buen ejemplo, ya que su cualidad abierta le permite adaptarse a nuevas circunstancias; últimamente, por ejemplo, los estudiantes de Cohen dicen en clase que Scottie debería olvidar su pasión por Madeleine y marcharse con su amiga Midge, abrazando con ello una solución pragmática para su encrucijada vital. ¡Si Breton levantara la cabeza! El caso es que nos sentimos concernidos por el destino de sus protagonistas cada vez que vemos la película, por más que ya sepamos lo que les ocurre; como si todavía pudiera pasarles algo distinto.

Como la obra abierta que es, *Vertigo* no solo mantiene un núcleo interpretativo que expresa sus cualidades originales, sino que es susceptible de lecturas adicionales. Prueba de ello es que siguen arrojándose nuevas miradas sobre la película, algunas tan atractivas como la propuesta por el filósofo Robert Pippin cuando sostiene que *Vertigo* es una meditación sobre la incapacidad del sujeto moderno para *leer* las intenciones o los sentimientos del otro. ¿Cómo hemos de interpretar a los demás? No lo sabemos, y ese desconocimiento, articulado por medio del suspense, sería la condición de posibilidad del cine de Hitchcock. Este se interesa menos por la ignorancia que por la incertidumbre; los distintos personajes no saben lo que saben los demás. En *Vertigo*, este desconocimiento recíproco se materializa en un romance que implica a dos personas sucesivamente desdobladas: las dos que *son*, las dos tal como *se ven* a sí mismas, y las dos tal como *son vistas* por el otro. ¡Inacabable juego de espejos!

Esta polisemia se ve reforzada cuando *Vertigo* entra en contacto con la experiencia personal del espectador. Así lo puso de manifiesto el crítico español José María Carreño en su libro sobre el director inglés; vista la película en distintos periodos de nuestra vida, aprendemos «que todo está en ella sugerido, implicado». Por eso es clásica y romántica; formalmente acabada y esencialmente desordenada. Y por eso *afecta*: no solo porque las emociones desempeñan un papel decisivo en cualquier experiencia fílmica, como ha defendido Imanol Zumalde, sino porque trata de asuntos universales que remiten a las profundidades de la psique humana. Escribe el crítico Donald Spoto: «Algo de *mi* vida es así —o podría serlo— y sí, en sus momentos de mayor oscuridad y fragilidad, la vida corre el riesgo de *volverse* así». No es el único; Samuel Taylor, el último de sus escritores, le confesaba a Chris Marker que había puesto en el libreto todo su amor por San Francisco y quizá algo más, a juzgar por la críptica frase que figuraba al final de su intercambio epistolar: «Reescribí el guion al mismo tiempo que exploraba San Francisco y recuperaba mi propio pasado…». Sabido es también que el difunto Peter Bogdanovich, realizador y crítico que entrevistó a Hitchcock en varias ocasiones, vivió una experiencia similar: tras el asesinato de su pareja, la exmodelo Dorothy Stratten, a manos del que todavía era su marido, terminó casándose con su hermanastra.

Ahora bien, la vitalidad de *Vertigo* es la vitalidad de Hitchcock. Ningún cineasta posee su influencia sobre la cultura popular; ninguno ha sido objeto de tal profusión de análisis en el campo de la teoría fílmica. La obra del londinense ya había servido de palanca a los críticos de *Cahiers du Cinéma* para desarrollar su famosa «política de los autores» a finales de los años cincuenta; una de las facciones de la célebre publicación parisina era la de los llamados «hitchcock-hawksianos», que coincidían en defender la categoría artística de dos realizadores tenidos hasta ese momento por meros artesanos hollywoodenses. Jean-Louis Comolli, director de la revista durante los años de militancia maoísta entre 1968 y 1973, ha llegado a describir gráficamente la cinefilia como el acto de «morir en las barricadas defendiendo a Hitchcock». Y eso que ya no es necesario hacerlo: en uno de los últimos trabajos dedicados a su figura, el crítico Edward White lo señala como un caso único en el canon fílmico, al tratarse de un autor cuya mitología llega a eclipsar la brillantez de sus incontables clásicos. Por si eso fuera poco, Hitchcock ocuparía un lugar destacado como artista emblemático del siglo xx, hasta el punto de que su cine nos permite comprender mejor los temas fundamentales de toda una época:

> La emergencia de Estados Unidos como un gigante cultural; el insistente ascenso del feminismo; los roles cambiantes del sexo, la violencia y la religión en la cultura popular; el influjo penetrante del psicoanálisis; el crecimiento de la publicidad y de la promoción como una fuerza cultural; la desaparición de la brecha entre arte y entretenimiento.

¡Casi nada! Pero, sobre todo, están las imágenes: los pájaros agrupándose detrás de Tippi Hedren; la avioneta que persigue a Cary Grant; el asesinato de Janet Leigh en la ducha del motel Bates. Hay que reconocer la agudeza que demostraron Claude Chabrol y Éric Rohmer cuando, en la primera monografía dedicada al británico, afirmaron sin ambages que «Hitchcock es uno de los más grandes *inventores de formas* de toda la historia del cine». Habida cuenta de que el libro se publicó originalmente en 1957, estaban juzgando al Hitchcock anterior a *Vertigo*; sus obras más reconocibles, con permiso de *Rebeca* y *La ventana indiscreta*, aún estaban por llegar. Pero ya tenían razón, aun cuando su interpretación de Hitchcock como cineasta católico —a la que se adheriría Cabrera Infante en un texto publicado cuatro años más tarde— haya sido matizada o contestada con posterioridad. William Rothman lo tiene por el iniciador del cine modernista: es con Hitchcock con quien esta forma artística gana conciencia de sí misma. Otro crítico francés convertido en cineasta, Jean-Luc Godard, se ocupa con fruición de Hitchcock en su gran film-ensayo *Histoire(s) du cinéma*, donde lo describe memorablemente como «el único *poète maudit* que ha tenido éxito». Al fin y al cabo, se trata de alguien con una capacidad excepcional para combinar el cine popular con la poesía genuina, fascinando por el camino a públicos sucesivos del mundo entero.

Recita Godard con su voz cavernosa: «Alfred Hitchcock triunfó / allí donde fracasaron Alejandro, Julio César o Napoleón / tomando el control del universo».

A ello contribuyó la popularidad del personaje que Hitchcock hizo de sí mismo. Nicholas Haeffner sostiene que el genio promocional del británico debe entenderse como el necesario precedente de Andy Warhol, quien rompería definitivamente con la tradicional separación entre el artista y el *businessman*. Si ya en 1930 Hitchcock había creado una empresa de relaciones públicas dedicada a la difusión de su marca personal, el éxito de la serie de televisión que llevó su nombre entre 1955 y 1965 lo convirtió en una celebridad en el mundo entero. Es la misma figura que podía verse en algún momento de todas sus obras; los célebres cameos del realizador no solo atestiguaban su notoriedad, sino que servían para ratificar su singularidad como creador de mundos a la vez populares y siniestros. Todavía hoy, para millones de espectadores del mundo entero, su figura se asocia al disfrute de ficciones malévolas en apariencia inocentes y siempre placenteras.

Cuando vemos una película de Hitchcock, ha señalado la psicoanalista Susan Levine, aceptamos ser transportados a lugares imaginarios tan deliciosos como repulsivos: escenarios que deseamos visitar a condición de que sean ficticios. Esta ironía, que la mente literal del censor o el puritano es incapaz de comprender, constituye un rasgo definitorio del cine hitchcockiano y seguramente se cuente entre las razones que explican su inmenso éxito popular. En presencia de

Hitchcock, todos somos inocentes *voyeurs* que abandonan la sala sin tener que rendir cuentas a nadie. El realizador londinense era consciente de ello, porque defendió en más de una ocasión —esta cita pertenece a un breve texto publicado en 1949— que el espectador de cine se aprovecha de su posición como anónimo consumidor de experiencias por medio de persona interpuesta:

> Por cada persona que busca el miedo en un sentido personal o real, hay millones que lo hacen de manera vicaria en el teatro y el cine. En el interior de salas oscuras, se identifican con caracteres ficticios que experimentan miedo, y experimentan, ellos mismos, las sensaciones propias del miedo (el pulso acelerado, la palma de la mano tan pronto seca como húmeda), solo que sin pagar ningún precio.

Sin embargo, lo que más nos atrae de su cine quizá sea el conflicto entre el orden aparente de la realidad cotidiana y la posibilidad de su desestabilización. Nuestro José María Carreño hablaba de esos personajes que descubren cómo «la solidez de su cordura, la lógica de sus conceptos y el orden de sus vidas son absolutamente precarios, sometidos a los invisibles hilos de un destino caprichoso». Pensemos en el solterón de *Vertigo*, en el frívolo seductor de *Con la muerte en los talones*, en la oficinista de *Psicosis*; apenas unos pocos ejemplos en una obra llena de hombres y mujeres cuya existencia se ve desequilibrada, sea por efecto del azar en sus distintas manifestaciones —el falso culpable, el encuentro fortuito con el crimen, el romance imprevisto— o a consecuencia del desbordamiento enfermizo de una pasión obsesiva. En un mundo que carece de solidez, la sospecha conduce al suspense y los objetos mismos adquieren una imprevista fuerza simbólica como portadores simultáneos de la cotidianidad y la extrañeza: una llave no es una llave no es una llave. Asunto distinto es que la riqueza semántica de los trabajos de Hitchcock haya sido siempre captada por el gran público, distraído como estaban los espectadores por sus trepidantes narraciones: ¿cuántas de nuestras abuelas entendieron la referencia sexual que contiene el final feliz de *Con la muerte en los talones*, cuando el comienzo de la luna de miel entre los recién casados es representado visualmente mediante el tren que penetra en un túnel a toda velocidad? Pero cuidado: las abuelas también fueron jóvenes y sabían latín.

Durante mucho tiempo, de hecho, Hitchcock fue considerado apenas como un hábil urdidor de productos de entretenimiento. El documentalista escocés John Grierson lo consideraba «el mejor director de películas irrelevantes del mundo», mientras que el cineasta Lindsay Anderson había escrito en 1949 que la promesa formulada por las obras inglesas de Hitchcock se había visto traicionada en Norteamérica debido a su abandono del realismo. Cuando los marxistas dominaban la tierra, la ausencia de preocupaciones sociales explícitas podía condenar a un cineasta que trabajaba en el corazón del sistema: ¿qué mensaje quiere transmitir este hombre, aparte de conseguir una buena taquilla? Hitchcock, por cierto, citaba con gusto al productor Samuel Goldwyn: «Los mensajes son para Western Union». Como ya se ha dicho, el desdén por la dimensión artística del cine de Hitchcock empieza a ser reemplazado por la curiosidad intelectual gracias a los jóvenes franceses al frente de *Cahiers du Cinéma*, quienes encontraron en él un perfecto ejemplo para ilustrar la *política de los autores* que reivindicaba el papel del realizador o *metteur en scène* como creador de un film. No estaban solos: los críticos ingleses de la revista *Movie*, con V. F. Perkins a la cabeza, pusieron un saludable énfasis sobre los métodos narrativos de su compatriota, que consideraban más relevantes que las abstracciones metafísicas o las preocupaciones sociales. Al otro lado del océano, Sarris y Bogdanovich prepararon el terreno para que Robin Wood presentase el argumento definitivo en favor del cineasta inglés en su monografía *Hitchcock's Films*, de 1965. «¿Por qué habríamos de tomarnos a Hitchcock en serio?», se preguntaba un Wood que —lo veremos enseguida— no dejará de formular interrogantes oportunos sobre el realizador durante su desempeño como crítico.

No han dejado de proliferar desde entonces los trabajos que se han tomado a Hitchcock en serio. Hay que destacar las obras colectivas que figuran como aldabonazo de cada momento crítico: de *Focus on Hitchcock* en 1972 a *Companion*, editado por Wiley-Blackwell en 2014, pasando por *Hitchcock's Rereleased Films* en 1991, *Hitchcock's America* en 1999 o las dos ediciones de *A Hitchcock Rea-*

*der* en 1991 y 2009. Súmense los trabajos de Donald Spoto, que arrancan con *The Dark Side of Genius* en 1983, la biografía canónica de Patrick McGilligan, los incontables artículos publicados en revistas de crítica cinematográfica o los *papers* de contenido académico en los que se relacionan promiscuamente la teoría fílmica, el psicoanálisis y el feminismo. ¿Acaso no ha intentado el conocido filósofo Slavoj Žižek situar a Hitchcock en el centro del debate cultural de nuestra época? Otros comentaristas, como Nicholas Haeffner, han defendido la necesidad de prescindir del psicologismo en la interpretación de la obra de Hitchcock y han propuesto prestar atención a la faceta material de su carrera, por ejemplo enfatizando que su posición social —con raíces en la clase trabajadora y sólidas aspiraciones culturales— permite explicar que su cine sea a la vez cultura popular y alta cultura, así como, en última instancia, paradigma de un cine *middlebrow* capaz de combinar respetabilidad artística y éxito de taquilla.

Por mucho que los tiempos vayan cambiando, no dejemos de discutir a Hitchcock ni de ver sus películas. Ahí está *My Name is Alfred Hitchcock*, película-ensayo sobre la obra del director inglés que el cineasta norirlandés Mark Cousins ha estrenado en 2023, simulando mediante una narración en *off* que el propio Hitchcock se dirige a los espectadores contemporáneos para explicarles el sentido de su obra. Habrá que dar la razón a Thomas Leitch y Leland Poague: «Aun si existe siempre alguna controversia en torno a Hitchcock, la índole de la controversia no deja de cambiar». Incluida la controversia acerca del valor de su obra; no es casualidad que la repolitización del arte en los últimos años haya llevado a algunos comentaristas, como el artista y académico Sukhdev Sandhu, a recuperar la idea de que Hitchcock solo es un sofisticado *entertainer* que nos aburre con su falta de compromiso político e ideológico. Por fortuna, también hay margen para la originalidad: un trabajo reciente de Casey McKittrick defiende que la complicada relación del creador londinense con su propio cuerpo —el gordo que querría ser delgado— puede rastrearse en sus películas. O sea: «La estética cinematográfica hitchcockiana se apoya en el motivo del hambre —culinaria, libidinal, narrativa— para *provocar* y *satisfacer* el hambre en su público». ¿Estaría pensando en eso Patricia Hitchcock cuando señalaba a Spielberg como el principal heredero cinematográfico de su padre? Linda Williams ha defendido que es Hitchcock quien actualiza con *Psicosis* eso que Tom Gunning llamó «cine de atracciones» de la época muda, o sea, aquel que encadena distintas secuencias cuya finalidad es provocar en el público una excitación similar a la que causan las atracciones de feria. Pero Hitchcock va más lejos, pues nos ofrece suspense más allá del suspense; su cine es un oscuro aprendizaje cuyas lecciones pueden resultarnos inconvenientes. El filósofo Mark Roche es categórico: «Hitchcock no fue un simple *entertainer*. Sus películas iluminan la realidad». Y aquí está *Vertigo* para demostrarlo.

## THE TROUBLE WITH ALFRED

En la segunda edición de su diccionario *50 años de cine norteamericano*, publicada en 1995, Bertrand Tavernier y Jean-Pierre Coursodon lamentaban que un cierto moralismo hubiese impedido a tantos comentaristas reconocer en Hitchcock a «un maestro del pensamiento exacto y de la forma abstracta». Han pasado casi veinte años y seguimos en las mismas: la sociedad occidental no se ha librado de los reparos puritanos, que de hecho han retornado con fuerza inesperada. Puede decirse que *Vertigo* ha superado la sesentena en un momento desfavorable; el éxito del movimiento #MeToo y la difusión de la teoría feminista han proyectado una ambigua luz sobre el cine de Hitchcock en su conjunto y *Vertigo* en particular. Hay precedentes: la revista *Film Weekly* pidió explicaciones al realizador en 1939 por su tratamiento «poco amistoso» de las mujeres, mientras que el eminente Robin Wood se preguntó en los años ochenta si, a la vista de sus aberraciones heteronormativas, Hitchcock podía ser salvado para el feminismo. Ya en nuestro siglo, la periodista británica Bidisha afirmó en *The Guardian* que la redención es imposible:

> Las mujeres de Hitchcock son exteriormente inmaculadas, aunque llenas de debilidades y dobleces. Pero ¡bravo!, él no las mata a todas. Se limita a darles una buena lección.

Autocomplaciente sorna al margen, esta es una tesis extendida en el interior de esa crítica feminista cuyo camino abrió Laura Mulvey en su celebérrima pieza de 1975 sobre la «mirada masculina» en el cine clásico. Mulvey, que no obstante encuentra en *Vertigo* algunos elementos positivos para la crítica del amor romántico dentro del orden patriarcal, hizo votos por que el cine independiente desarrollase nuevos discursos fílmicos sobre la mujer. También Molly Haskell, cuyo pionero análisis sobre la historia de las mujeres en el cine hollywoodense había aparecido en 1973, reprochó a Hitchcock que estableciese un paralelismo entre los impulsos sexuales y los homicidas, en particular los que se dirigen hacia el tipo de mujer rubia que él mismo deseaba sin éxito. Y si nos centramos en *Vertigo*, las razones para el malestar feminista están a la vista: Hitchcock dijo a Truffaut que Scottie quiere acostarse con una muerta. O, lo que es lo mismo, usa a una chica que se ha encontrado por la calle con el fin de recrear a la mujer que ha perdido al final de la primera mitad de la cinta. Que una película con semejante argumento pueda ser considerada una cima del séptimo arte demostraría la insidiosa toxicidad de nuestra cultura patriarcal.

Sumándose al coro de los descontentos, el crítico David Thomson puso *Vertigo* en relación con el caso Weinstein: visto lo que este último revelaba sobre la industria cinematográfica, *Vertigo* sería una prueba de la facilidad con que Hollywood nos hace olvidar que detrás de la historia que se nos cuenta en pantalla hay otra, marcada por la explotación y la indignidad, que jamás sale a la superficie. Así que, además de indicarnos que Hitchcock era —atención— «un fantaseador, un *voyeur* y un depredador», *Vertigo* ratifica que el cine es un medio artístico *masculino*, que otorga al público el poder de ver cosas prohibidas y deseadas en la oscuridad. «¿Acaso no hay algo masculino en un sistema que coloca a la actriz en su marca y la fotografía por medio de un primer plano íntimo y maravillosamente iluminado, de manera que podamos romantizarla?», insiste Thomson. Tal como se verá más adelante, resulta desconcertante que se ponga a *Vertigo* como ejemplo paradigmático de semejantes defectos de fábrica, siendo un film que los revela y discute en su humanísima complejidad.

Por otro lado, habría que preguntarse si sir Alfred hubiera podido encontrar hoy un productor que financiase su trabajo; alguna de las turbias relaciones que mantuvo durante sus rodajes bien habría podido cerrarle la puerta de los estudios. Al menos, es lo que cabe deducir de la lectura de los trabajos biográficos de Spoto, quien en *Spellbound by Beauty* sostiene que *Vertigo* es la exhibición definitiva de la atracción-repulsión que Hitchcock sentía por sus rubias idealizadas. El controvertido Spoto sostiene que el realizador a menudo trataba mal a los demás, «especialmente a las mujeres, por quienes sentía una extraña amalgama de adoración y desprecio, y a quienes con frecuencia intentaba controlar de un modo que no se hubiera atrevido a probar con los hombres». Así es como se describe su conducta hacia Tippi Hedren durante el rodaje de *Los pájaros* en *The Girl*, telefilm de HBO en el que Toby Jones encarna a Hitchcock y Sienna Miller hace de Hedren; la versión de Spoto es llevada a la pantalla con las correspondientes dosis de dramatismo acusatorio. El libro recoge las declaraciones que Hedren le hizo a Spoto, por más que ella misma nunca se hubiera expresado antes en esos términos y cambiase otra vez de tercio en entrevistas posteriores, dando a entender en ellas que las insinuaciones sexuales de Hitchcock habían tenido lugar solo una vez acabado el rodaje de *Marnie* y sin que hasta ese momento hubiera existido problema alguno entre ellos.

¿Deseaba Hitchcock a sus actrices? En su biografía, McGilligan relata cómo Hitchcock había mantenido en la década de los cincuenta una relación de amistad con Brigitte Auber, joven actriz francesa que aparece en *Atrapa a un ladrón* y con la que se encontraba en Londres o París durante los dos años que siguieron al rodaje. De acuerdo con su testimonio, la actriz veía en Hitchcock una figura paterna y él respondía tratándola con la ternura de un progenitor, tónica que se mantuvo hasta que una noche él trató de besarla. Auber lo rechazó, diciéndole que tenía un novio al que se mantenía fiel; el director se avergonzó y se despidió; su amistad, claro, quedó arruinada. El juicio de Auber es compasivo; Hitchcock se veía feo y entendía que eso obstaculizaba su trato con las mujeres: «El pobre tenía un corazón de oro».

Retratar a Hitchcock como un depredador sexual se antoja exagerado. Grace Kelly mantuvo siempre una excelente relación con él y no puede decirse que abundaran los escándalos en una carrera que se extiende desde los años veinte hasta mitad de los setenta; Eva Marie

Saint y Kim Novak, estrellas de *Con la muerte en los talo-nes* y *Vertigo*, no tenían nada que reprocharle y así lo se-ñalaron en distintas ocasiones. Es también conocida la estrechísima relación de complicidad y dependencia que Hitchcock mantuvo con su mujer, Alma Reville, a la que había conocido en la industria cinematográfica de la Inglaterra de los años treinta; cuando le fue diagnos-ticado un cáncer de útero a comienzos de 1958, que en aquellos años podía ser mortal de necesidad, el realizador se descompuso ante la sola idea de perder a su compañera de vida y a duras penas mantuvo la compostura hasta que el riesgo fue felizmente conjurado. Tal como señala Patricia Hitchcock en el libro que dedica a su madre, Alma tenía dieciséis años cuando empezó a abrirse paso como montadora en los Twickenham Studios ubicados en Londres, adelantándose así a su futuro marido y no digamos al movimiento que en las últimas décadas ha tratado de llamar la atención sobre la contribución de las mujeres a la historia del cine. Para el crítico portugués João Bénard da Costa, Hitchcock se inspiró en la pionera Alma para crear los personajes femeninos que se desmarcan del ideal de la rubia sofisticada y encarnan a la mujer inteligente que logra salirse con la suya: Teresa Wright en *La sombra de una duda*, Jane Wyman en *Pánico en la escena*, Barbara Harris en *La trama*.

Otra posibilidad es que el director sublimase sus inclinaciones eróticas por medio de la ficción. John Russell Taylor recurre a esa hipótesis para explicar el particular cuidado que su amigo puso en la preparación de *Vertigo*. Taylor subraya el interés de Hitchcock por los aspectos más oscuros de la sexualidad humana, en particular por aquellos que implican prácticas de dominación psicológica, atreviéndose a sugerir que el realizador establece un paralelismo entre la manipulación recíproca de los amantes y la manipulación del público a manos del cineasta. La intensidad de *Vertigo* obedecería al hecho de que Scottie elige la fantasía sobre la realidad: transforma a Judy en Madeleine porque no siente nada por la primera y lo siente todo por la segunda. Para Taylor, existe una similitud «entre lo que James Stewart le hace a la segunda Kim Novak y lo que Hitch ha hecho una y otra vez con sus actrices protagonistas», que es adaptarlas a su molde estético predilecto. Con mayor o menor éxito: mientras que Grace Kelly sería su encarnación suprema y Tippi Hedren la última que supo mimetizarse con el modelo, Vera Miles nunca logró encajar en él. Nótese que *Vertigo* nos presenta a una mujer rubia que en realidad es morena y, en el transcurso del film, es transformada de nuevo —a la fuerza— en una rubia etérea y sofisticada. Taylor concluye que esta película es casi una «alegoría autobiográfica» en la que Hitchcock, posiblemente sin darse cuenta de lo que hace, nos ha dejado registro de sus particulares obsesiones.

No hace falta añadir que la lectura biográfica del cine de Hitchcock está lejos de ser la única posible; su vida solo es una pieza más del rompecabezas. Pero es que ni siquiera la crítica feminista es unánime en la condena del realizador. Tania Modleski escribió en el epílogo a la edición de su libro sobre «las mujeres que sabían demasiado», de 1988, que no era su intención «salvar a Hitchcock» para el feminismo a la manera de Robin Wood, sino salvar a las espectadoras de los comentaristas que sostienen que la represión de la mujer en el «cine patriarcal» es absoluta y que, en consecuencia, las mujeres que disfrutan yendo al cine son unas infelices masoquistas. Modleski tiene razón: el cine de Hitchcock no admite el reduccionismo crítico, y ni siquiera adoptando una perspectiva feminista —no hay obligación de hacerlo— puede concluirse alegremente que su cine reproduce un presunto orden patriarcal o suprime la agencia de la mujer. De ahí que Peter Conrad haya arremetido contra el exceso de teorización en el que incurren los académicos que usan al director como pretexto para desplegar las herramientas conceptuales en boga:

> Me pregunto si alguno de esos metódicos ejecutores, que valoran *Vertigo* en la medida en que les permite «ensayar un complejo conjunto de teorías», se ha parado a pensar en su delirante belleza o en su dolorosa tristeza. Supongo que no. [...] Por suerte para Hitchcock, en el mundo hay más amantes del cine que profesores pseudocientíficos de Estudios Fílmicos.

Y, aunque no todo lo que se escribe sobre el cine de Hitchcock en la academia resulta desdeñable o superfluo, la alianza de feminismo y psicoanálisis ha servido para colgarle el sambenito de autor misógino que refuerza las cadenas del patriarcado occidental. Es un error que empieza con *Vertigo*, película que puede leerse de maneras distintas y que solo se nos aparece como una propuesta antifeminista —o antifemenina— si uno se empeña en malinterpretarla. Puede que, como ha señalado David Thomson glosando la penúltima lista de *Sight & Sound*, poner *Vertigo* por delante de *La regla del juego* —favorita suya— sea elegir la neurosis sobre la razón. En el curso de la historia del cine, la desviación psicótica habría recibido más aplausos que la recreación de lo cotidiano; Hitchcock gana a Ozu. Pero es que nada nos impedir disfrutar por igual a Ozu y a Hitchcock; lo que hace este último es indagar en el *anverso* de lo cotidiano. Porque Hitchcock es un poeta de la excepción antes que un prosista de la norma. Y la norma se define también por sus excepciones.

## MAPA PARA UN LABERINTO SIN SALIDA

Pese a los reproches que le dirige la teoría feminista, *Vertigo* es una obra más rica que todas sus exégesis; contiene multitudes y este libro quiere ocuparse de explorarlas. Para ello, se tomará en consideración lo que se ha escrito ya sobre la película, que además de abundante es —casi siempre— digno de atención. Es verdad que podría hacerse un estudio de *Vertigo* que solo descansase en la agudeza del intérprete; entre nosotros, Eugenio Trías practicó esa suerte con brillantez. Pero, según le reprochaban a Ferlosio algunos de sus amigos lingüistas, el riesgo del francotirador solitario está en la repetición del disparo ajeno: darle a un blanco agujereado ya por otros puede producir satisfacción personal y ser al mismo tiempo una descortesía hacia los lectores. En las páginas que siguen, me serviré de lo que muchos comentaristas han escrito ya sobre la película sin dejar de exponer mis propios argumentos; a hombros de gigantes, trataré de elevarme unos centímetros por encima del suelo.

Naturalmente, me ocuparé del debate sobre el amor romántico y sus desviaciones, así como del problema de la dominación masculina de la mujer, sin perder de vista elementos tan relevantes como el protagonismo de la ciudad de San Francisco o el papel del psicoanálisis. No obstante, el título de este libro apunta hacia uno de los elementos de *Vertigo* en los que quisiera hacer hincapié: la función decisiva que en ella desempeñan las *ficciones* como detonantes de conductas, decisiones y aconteci- mientos. La película, como señalara Ángel Fernández-Santos, es una matrioska de ficciones vinculadas entre sí que nadie podrá jamás desenmarañar del todo:

> Nada, visto así, es en *De entre los muertos* lo que aparenta. Se descubre a medida que transcurre una nueva ficción den- tro de la ficción argumental; y dentro de aquella, otra; y otra más, sin que lleguemos a vislumbrar el fondo de este juego de penetración en el abismo interior de un hombre frente a una mujer o frente a su reconstrucción mental de ella.

Son artificios que terminan siendo fatales para casi to- dos los personajes, a consecuencia de las pasiones obse- sivas a las que dan origen: la recreación que Judy hace de Madeleine es una ficción, igual que lo es —una fic- ción «escrita» por Elster— la relación amorosa que am- bos mantienen; si es letal para ambos, Scottie y Judy, es porque caen enamorados el uno del otro. ¿Y acaso el amor romántico que los consume no es, a su manera, una ficción? También la ciudad de San Francisco, tal como la perciben los personajes, y el psicoanálisis en el que depositan sin énfasis sus esperanzas de curación son apariencias engañosas antes que firmes realidades: ni la historia de la primera es lo que dice su versión ofi- cial, ni las prácticas terapéuticas que Hitchcock somete

a velada crítica poseen la fuerza curativa que por entonces solía atribuírseles. *Vertigo* está llena de recovecos
imprevistos y salidas cegadas: es un laberinto que no
tiene salida. Pero no queremos abandonarlo; he aquí un
film sobre la obsesión —entre otras cosas— que consigue obsesionar a sus espectadores.

En todo caso, la película se discute con mejor conocimiento de causa si estamos familiarizados con su gé-
nesis y con las circunstancias que rodearon su producción; ahí es donde da comienzo este ensayo. Además de
discutirse la elección de los actores y la importancia
de su banda sonora, se identificarán sus posibles precedentes e influjos —literarios, mitológicos, cinematográficos— y se describirá el proceso mediante el cual la
novela original se convierte en la película final; pese a
que hoy leamos la novela a la luz de la película y no al
revés. El segundo capítulo parte de la premisa de que
no podemos separar lo que nos cuenta *Vertigo* del modo
en que nos lo cuenta; la historia cuyos significados hemos de desentrañar es una narración cinematográfica y,
por tanto, utiliza los elementos de ese particular medio
expresivo que es el cine. Se abordan así el estilo de su
creador y el estatuto de la película: ¿es *Vertigo* cine clásico, cine moderno o ninguna de las dos cosas? Vincularé
la generación de significados en *Vertigo* a la creación de
formas que persiguen intoxicar sensorialmente al espectador, efecto que se logra mediante la combinación
de las distintas herramientas —encuadre, planificación,
color, música, sonido— a disposición del realizador cinematográfico.

A continuación, el libro se adentra en la búsqueda del sentido del film. Por una parte, tomo en consideración los reproches de la crítica feminista: ¿incurre Hitchcock en los vicios propios de la masculinidad tóxica? ¿Y qué hay de Scottie, su protagonista? ¿Estamos ante un *voyeur* que se abandona al placer de la mirada, invitando al espectador a hacer lo mismo, antes de proceder a la recreación caprichosa de una mujer fallecida usando para ello a una joven indefensa? Afortunadamente, las cosas son un poco más complicadas; la tortuosa relación entre Scottie, Madeleine y Judy (sin olvidarnos de Midge) presenta matices que a menudo escapan a la teoría feminista. ¿Y qué decir del cambio de punto de vista que tiene lugar cuando Judy se revela como la actriz que hacía de Madeleine, asumiendo un inesperado papel protagonista que altera por completo la historia aparente del film hasta ese momento? El último capítulo profundiza justamente en la idea de que las ficciones —y no solamente las fabricadas por el malévolo Elster— son determinantes para comprender el sentido de una obra donde *mirar* y *ver* son cosas bien distintas.

Para no desorientar al lector, he optado por citar los títulos españoles de las películas de Hitchcock, con la salvedad de la propia *Vertigo*; en cuanto a la bibliografía, se han evitado las llamadas a pie de página con objeto de facilitar la lectura: no habiendo ninguna afirmación que no haya sido atribuida a su autor, los títulos de las obras correspondientes pueden consultarse en la bibliografía que se incluye al final del ensayo.

# 1

## ALFRED HITCHCOCK PRESENTA

Habrá quien no recuerde la trama o incluso —por imperdonable que sea— la desconozca. ¿Qué historia nos cuenta *Vertigo*? Tratemos de resumirla, a sabiendas de que los hechos que narra solo cobran sentido gracias a la concepción visual del conjunto; lo que podría pasar por un inverosímil melodrama con elementos de misterio es redimido mediante la puesta en escena hasta convertirse en una exploración arrebatada —además de minuciosamente calculada— de los anhelos humanos.

James Stewart interpreta a John Ferguson, alias Scottie, un detective que se ha visto obligado a abandonar el cuerpo policial de la ciudad de San Francisco tras sufrir un ataque de vértigo durante la persecución de un delincuente por los tejados de la ciudad. Al saltar de un edificio a otro, Scottie tropieza y queda colgado de un canalón; paralizado por la acrofobia, es incapaz de tomar la mano del agente que trata de ayudarle y que termina por precipitarse al vacío. Sin mediar explicación alguna y después de un fundido en negro, nos encontramos a Scottie charlando con su vieja amiga —antigua prometida de los años universitarios— Midge. La trama se pone en marcha cuando un viejo compañero de colegio,

Gavin Elster, convoca a Scottie en las oficinas del astillero donde dirige el negocio de su esposa. Y lo que le pide es, justamente, que indague sobre la aparente demencia de esta última. Aunque Scottie vacila, queda subyugado por ella —Madeleine, o sea, Kim Novak— cuando la ve con su marido en la suntuosa Sala Ambrosía de Ernie's, un lujoso restaurante de la ciudad. Elster le ha contado que su mujer parece poseída por el espíritu de Carlota Valdez, una lejana antepasada que —según logra averiguar Scottie al hablar con el dueño de una vieja librería— se volvió loca tras ser desposeída de su única hija por decisión del oligarca con el que se había enredado. Scottie se dedica a seguir los movimientos aparentemente erráticos de Madeleine: el cementerio donde se encuentra la tumba de Carlota, la floristería donde compra un ramo de flores, el motel en el que desaparece misteriosamente, el museo donde contempla el retrato de la misma Carlota, el viejo presidio al pie del Golden Gate. Allí es donde Scottie la salva de morir ahogada cuando ella se lanza a la bahía; la intimidad que nace entre ellos a partir de ese momento conduce a lo que parece un enamoramiento recíproco. La historia de amor está condenada: Madeleine termina por seguir los pasos de su antepasada y se tira desde un campanario ante la impotencia de Scottie, paralizado por el vértigo en las escaleras de la torre de la misión española donde ambos han tratado de encontrar juntos respuesta al enigma que los atormentaba.

La segunda parte empieza una vez que Scottie deja el sanatorio donde —para desesperación de Midge, que acude a visitarlo— se le ha diagnosticado «melancolía aguda». Vagando por la ciudad, el exdetective se topa con Judy, una vulgar chica de provincias que se parece a Madeleine; la sigue hasta su hotel y traba conversación con ella. Scottie le cuenta su historia; la convence para salir a cenar. Entonces, Hitchcock hace un salto mortal y cambia el punto de vista, dejándonos a solas con Judy. Averiguamos que Judy *era* Madeleine; la había interpretado ante Scottie como parte del endiablado plan de Elster, que tiró a su mujer ya cadáver por el campanario con la expectativa de que el detective —a consecuencia de su vértigo— jamás llegaría a la torre. Eso no lo sabe Scottie; ya lo saben los espectadores. Judy, que se había enamorado de Scottie haciendo de Madeleine, accede a dejarse transformar por este último; pasa de morena a rubia y viste los mismos vestidos que la difunta. Scottie trae así a Madeleine «de entre los muertos» (título español del film y, antes, de la novela de la pareja Boileau-Narcejac que la película adapta); Judy se ha convertido a regañadientes en una resucitada para su amado Scottie. Completada esta metamorfosis, ambos viven un breve periodo de felicidad; cada uno de ellos tiene lo que quiere o lo más cercano posible a lo que querrían. Esa felicidad se rompe cuando Scottie ve en el cuello de Judy el broche que llevaba Madeleine; solo entonces comprende que lo han engañado. Fingiendo que salen a cenar, Scottie se lleva a Judy de vuelta al campanario, forzándose él mismo a subir con ella hasta la torre para «librarse del pasado». Mientras están arriba, justo cuando Judy parece a punto de convencer a

Scottie de que aún tienen un futuro por delante, se oye la voz de una monja. Judy, vestida como Madeleine, se asusta y cae al vacío; Scottie queda sumido en una silenciosa desesperación. Y así, 128 minutos después, termina la película.

Hasta aquí, la trama. Pero, asombrados aún hoy de que *Vertigo* exista, hay que preguntarse cómo es que llega a existir. Y es que la película nace en el interior de un sistema de estudios ya declinante, capaz no obstante de sobrevivir a su relativo ocaso mediante el prolongado canto del cisne de la segunda mitad de los años cincuenta y los primeros sesenta. Tal como apunta Martin Scorsese en su prólogo al libro de Dan Aulier, *Vertigo* demuestra que podía hacerse un cine personal sin abandonar la industria: personales fueron —cada una a su manera, entre muchas otras— *Amanecer* (Murnau), *Ciudadano Kane* (Welles), *You and Me* (Lang), *Moonrise* (Borzage), *El manantial* (Vidor) o *Johnny Guitar* (Ray). El propio Hitchcock había emprendido ya en

Hollywood proyectos tan singulares como *La soga* o *La ventana indiscreta*, cuyo éxito de taquilla no debe hacernos olvidar el riesgo inherente a una narración que jamás abandona el patio de vecinos donde se desarrolla la acción. *Vertigo* es otra cosa: una de las pocas películas de su autor que carece casi por completo de humor y acaso el primero de sus romances que termina en un fracaso sin paliativos. Es verdad que la esposa suburbial interpretada por Vera Miles en *Falso culpable*, el más oscuro Hitchcock antes de *Vertigo*, pierde la cabeza tras el viacrucis legal que padece su marido; no obstante, el tema de la película es la transformación de la propia vida en una pesadilla por razones azarosas, y el matrimonio desempeña en ella un papel secundario.

*Vertigo* fue, para su autor, una película especial. De ahí el cuidado con el que se llevó a término y la intensa concentración que, de acuerdo con el testimonio de los presentes, reinó durante el rodaje. Siguiendo a Aulier y a McGilligan, fue un film más accidentado de lo habitual tratándose de un creador tan eficaz; Hitchcock cerró su carrera con 53 largometrajes y diez años de producción televisiva. Es justamente el éxito inicial de *Alfred Hitchcock presenta*, que comienza a emitirse en 1955 por empeño de su agente Lew Wasserman, lo que le permite afrontar con cierta relajación la búsqueda de un nuevo proyecto tras finalizar el rodaje de *Falso culpable*. Con dinero en el bolsillo, Hitchcock estaba decidido a producir él mismo su siguiente trabajo, dejando su distribución en manos de la Paramount. El creador inglés ya acariciaba la idea de rodar *D'entre les morts*, novela que Pierre Boileau y Thomas Narcejac habían escrito —se dijo que expresamente para él— tras el éxito de *Las diabólicas*, adaptación a cargo del brillante Henri-Georges Clouzot que Hitchcock había admirado; ya en abril de ese mismo año, la Paramount se hizo con los derechos correspondientes. Pero había otro proyecto en cola, *Flamingo Feather*, una intriga internacional de tintes anticomunistas que iba a protagonizar James Stewart. Hitchcock y Alma emprendieron un viaje a Sudáfrica en julio de 1956 para buscar localizaciones; una mezcla de trabajo y vacaciones que incluía la visita del matrimonio a una tía del director que residía en el país africano.

Como es sabido, *Flamingo Feather* no llegó a buen puerto. Por un lado, a Hitchcock le fastidiaba no poder contar con Grace Kelly, que había abandonado el cine para convertirse en princesa de un pequeño reino meridional; por otro, en la Paramount inquietaban las connotaciones políticas de la historia, adaptación de una novela del escritor sudafricano Laurens van der Post que Hitchcock presentaba como una aventura africana a la manera de John Buchan (autor de *39 escalones*) y que, sin embargo, contenía fuertes críticas hacia la Rusia comunista, la burocracia imperial británica y la rapacidad de los afrikáners. Para colmo, el realizador se dio cuenta de que las localizaciones podían hacerse en California sin necesidad de emprender un largo rodaje lejos de casa; la moda neocolonial iniciada con *Las minas del rey Salomón* en 1950 —continuada luego por *La reina de África* en 1951 y *Mogambo* en 1953, con el raro epílogo de *Hatari* allá por 1962—estaba llegando a su fin.

Descartada esta idea, Hitchcock se centró en *Vertigo*. Y si bien uno pensaría que puso toda su atención en ella, aquel Hollywood no permitía semejante abandono; el realizador inglés comenzó por entonces a trabajar con el expublicitario Ernst Lehman en el guion de lo que llegaría a ser *Con la muerte en los talones*. Es difícil de creer: mientras rodaba *Vertigo*, Hitchcock iba dando forma a *Con la muerte en los talones*, que a su vez precede a *Psicosis*. Todas ellas se estrenan entre 1958 y 1960, o sea, entre las dos primeras Copas del Mundo de Pelé; el genio juvenil y la madurez creativa se daban la mano en plena Guerra Fría.

## *VERTIGO* SOBRE EL PAPEL

La elaboración del guion de *Vertigo* fue una empresa colectiva; pocos libretos de Hitchcock exigieron la participación de tal número de colaboradores durante un periodo tan prolongado. De ello se beneficia la cinta, cuyos componentes van enriqueciéndose con cada revisión. Su origen está en una novela de Pierre Boileau y Thomas Narcejac, *D'entre les morts*, publicada en Francia en 1954. Sabemos que Hitchcock recurría con frecuencia a novelas de entretenimiento; nunca se planteó adaptar grandes obras literarias de fama universal. Asunto distinto es que en el tratamiento que daba a esas fuentes sean apreciables otras influencias, que van de la mitología a la literatura y de los sucesos de actualidad al cine, sin olvidarnos de las aportaciones del propio Hitchcock o sus guionistas.

Interesa señalar que los autores de *D'entre les morts* forman una pareja literaria singular. El escritor Pierre Boileau es arrestado durante la ocupación nazi, y tras toparse con un libro del profesor de escuela Thomas Narcejac sobre el género del misterio, hace por conocerlo; ambos confraternizan de tal manera que desarrollarán una fructífera colaboración que se extiende hasta principios de los años noventa. Aunque a menudo se ha dicho que *D'entre les morts* fue escrita pensando en Hitchcock, ellos siempre negaron la mayor y cifraron el origen de la idea en una visita al cine; en una de las imágenes callejeras de un noticiario cinematográfico, Narcejac creyó ver a un amigo suyo al que había dado por muerto en la guerra. El resto es un producto de la imaginación de los autores, que se las arreglan para componer una breve novela cuyo interés no decae en ningún momento. Su lectura, no obstante, comporta una cierta dificultad: uno se encuentra literalmente poseído por las imágenes del film y solo hacia la mitad cobran vida propia los personajes del libro. Pero que lleguen a hacerlo, si bien se mira, ya es meritorio.

Las diferencias saltan a la vista desde el primer momento. *D'entre les morts* empieza en París durante la Segunda Guerra Mundial y, si bien el protagonista —Flavières— padece un vértigo que será clave en el desenlace, solo se alude de manera sutil a dicho trastorno. No hay un accidente inicial que permita explicarlo;

Midge no existe. En cuanto a Renée, la Madeleine/ Judy de la novela, carece de voz propia; solo se nos aparece como el objeto de la pasión de Flavières. También aquí hay un marido que trabaja en los astilleros y pide ayuda, una presunta posesión sobrenatural, un intento de suicidio en el Sena y un campanario al que Flavières es incapaz de subir en busca de Madeleine. Su reencuentro, tras la muerte accidental del marido, se produce a través de un noticiario que muestra imágenes de una visita del general De Gaulle a Marsella; Flavières está convencido de haber visto a Madeleine y, después de buscarla con ahínco, consigue localizarla. Tras negarlo todo inicialmente, Renée acaba por confesar que hizo de Madeleine siguiendo las instrucciones de su marido. Entonces Flavières la estrangula, la besa cuando ya es cadáver y le dice que la esperará; en su delirio parece convencido de que volverá a resucitarla una segunda vez.

Para el filósofo Jacques Rancière, los cambios introducidos por Hitchcock y sus guionistas no son felices; la debilidad del cine frente a la literatura —cifrada en el contraste entre la evocación literaria y la mostración fílmica— perjudicaría a una cinta que considera excesivamente artificiosa, por contraste con la «sencillez nihilista» de la novela. ¿Torpeza de Hitchcock? Si lo que cuenta es la fidelidad a la fuente literaria, tal vez sea el caso. Pero no lo es: lo que cuenta es la película, que tiene su origen en la novela igual que podría tenerlo en cualquier otro sitio. Tal como nos enseñó Pere Gimferrer, lo que debe juzgarse en sus propios términos es la obra final que resulta del proceso de adaptación y no la fidelidad a la novela original.

Volvamos al guion: a la hora de adaptar la novela de Boileau y Narcejac, Hitchcock se dirige primero al prestigioso dramaturgo Maxwell Anderson (que había coescrito *All Quiet on the Western Front* para Lewis Milestone y escrito *La muerte de vacaciones*, adaptada al cine por Mitchell Leisen), a quien encarga trabajar en un primer tratamiento mientras él busca localizaciones en África para *Flamingo Feathers*. Hitchcock llegó enseguida a la conclusión de que la colaboración no daría frutos: *Darkling, I Listen* —título del guion de Anderson— tenía el aire de una película de misterio de serie B; algunos de sus elementos, como la secuencia en la misión Dolores, permanecen no obstante en la versión final. Así que Hitchcock recurrió a su viejo amigo Angus MacPhail, *fellow editor* con su esposa, Alma, en la productora británica Gaumont y creador del famoso término «MacGuffin», que designa el pretexto argumental que pone en marcha la trama en las películas de nuestro director. Mermado por su alcoholismo, MacPhail se descarta; la huella que deja este viejo escocés en la producción es apenas el sobrenombre que adoptará el protagonista: Scottie. El siguiente escritor fue el entonces desconocido Alec Coppel, quizá recomendado por el actor Alec Guinness. Dotado para los aspectos estructurales que tanto preocupaban a Hitchcock y no carente de sentido del humor, Coppel trabajó a diario con el realizador durante cuatro meses. De ese esfuerzo salen la secuencia inicial en los tejados y el beso en el motel; en cambio, no pasó el corte una secuencia en la que Madeleine trata de curar la acrofobia de Scottie subiendo a la Coit Tower. En cualquier caso, Coppel quiso dar paso a otros proyectos y Hitchcock se vio forzado a buscar a un nuevo guionista.

Antes de resignarse a ello, sin embargo, envió un memorándum a Maxwell Anderson en el que le detallaba los cambios que querría introducir en el texto. Ahí es donde se menciona como modelo la atmósfera de *Mary Rose*, obra de teatro de John M. Barrie sobre las misteriosas desapariciones y reapariciones de una chica en una remota isla escocesa que Hitchcock siempre deseó llevar al cine. Es entonces cuando el director explica la docilidad con que Judy habría de dejarse transformar por Scottie: «Para dejarse hacer eso, la mujer debe estar desesperadamente enamorada». Dado que Anderson rechaza participar en la película, disculpándose caballerosamente, Hitchcock se hace con los servicios de Samuel Taylor, quien había estudiado en Berkeley y estaba familiarizado con la Bay Area. Fue una elección afortunada; ya en la primera reunión, le hizo ver a Hitchcock que los personajes tenían que ser menos etéreos y más reales. No en vano, Taylor declararía años después que el desafío de *Vertigo* radicaba en hacer *verosímil* una historia *auténtica* cuyo vehículo es una trama *absurda*. ¡Admirable precisión! Sus aportaciones fueron muy valiosas: Taylor confirió mayor naturalidad a los diálogos, dotó de profundidad a los tipos principales; reforzó el protagonismo de la ciudad. Además, creó a Midge, amiga soltera de Scottie y personaje importante del film. También fue él quien defendió ante Hitchcock que Judy ha de revelar su secreto a los espectadores a mitad de película, pese a que la carta no le pareciera la mejor solución dramática; volveremos sobre esto.

Que Judy Barton provenga de Salina, Kansas, es un detalle que se debe asimismo a Taylor; una amiga suya era natural de allí. Si creyéramos en la existencia de una realidad paralela, creada por un cine cuyas distintas narraciones se comunicasen entre sí en un mundo aparte, cabría pensar que la incauta Judy Barton no es sino un avatar de la chica a la que Kim Novak da vida en *Picnic*, cinta de Joshua Logan fechada en 1956. *Picnic* cuenta la historia de Madge, una joven de Salina que al final de un convulso verano local se sube a un autobús con destino a Tulsa para reunirse allí con el bienintencionado truhan —¡William Holden!— del que se ha enamorado. El caso es que una fracasada Madge habría podido convertirse en la incauta Judy a la que Elster enreda en San Francisco; uno de esos tipos humanos que buscan suerte lejos de su casa y que terminan por echar de menos a su madre. Que esta peripecia no tiene nada de original se confirma cuando Pop Leibel, el librero que cuenta a Scottie la historia de Carlota Valdez, caracteriza a esta última como una chica sin suerte que llega a la ciudad desde la provincia y que se ve atrapada en las redes de un hombre poderoso. Así que no son Madeleine y Carlota las que están unidas por una hermandad secreta, sino Carlota y Judy, que llegan por caminos distintos al mismo callejón de las almas perdidas.

En definitiva, Hitchcock y Taylor se entienden a las mil maravillas y el resultado es un guion listo para ser rodado. A modo de curiosidad final: Coppel insistió en ver reconocido su trabajo y el sindicato de los guionistas decidió —una vez oídas las partes— que *Vertigo* había de ser firmada al alimón por Coppel y Taylor. Teniendo en cuenta las aportaciones de cada cual, es una solución razonable. En cuanto a Hitchcock, que siempre ejerció como coguionista de sus films, prefirió una vez más no ser acreditado. Al fin y al cabo, ¿quién podría dudar de su autoría?

## APROXIMACIONES GENEALÓGICAS

A la hora de explorar la genealogía de *Vertigo*, ni el guion ni la novela de la que parte agotan las posibilidades del comentarista. Quienes han tratado de darle sentido han invocado distintos mitos, relatos, películas; la densa malla de los símbolos y narraciones que habrían dejado huella en el film de una manera u otra. A falta de declaraciones explícitas por parte de Hitchcock o sus colaboradores, es imposible saber si el intérprete acierta cuando señala esos posibles parentescos. Pero quizá no se trata de acertar, sino de sugerir asociaciones plausibles capaces de enriquecer la lectura del film. Y eso es lo que vamos a hacer a continuación.

Tomemos en consideración, para empezar, dos novelas cortas. Sigo la sugerencia de Ken Mogg, para quien la cinta tiene como antecedentes *Brujas la muerta*, firmada por el simbolista valón Georges Rodenbach, publicada en 1892, y *Carta a mi juez,* una de las muchas obras nacidas del prolífico genio del también belga Georges Simenon, aparecida en 1946. El vínculo, como se verá enseguida, no resulta descabellado.

En *Brujas la muerta* se relata la historia de Hugues Viane, un burgués acomodado que, tras perder a su joven esposa, abandona la ciudad de Brujas en la que vivió con ella. Muchos años después, regresa a casa y se enamora de una corista a la que encuentra parecido con la difunta; la viste como a ella, la engalana, la mima. Nos habla el narrador de «el encanto de una mujer recién llegada que se asemeja a la antigua» y de cómo Hugues se abandona «a la embriaguez de la semejanza entre Jane y la muerta, como antaño se enardecía con la semejanza entre él mismo y la ciudad». Aquí pasa lo contrario que en *Vertigo*: cuando Viane logra vestir a Jane —quien se resiste— con la ropa de la esposa, experimenta una gran decepción. En lugar de parecerse más a la muerta, la viva se diferencia más claramente de ella; para colmo, Jane disfruta provocando al desilusionado Hugues. Hasta que una noche la amante profana los recuerdos de la esposa, entre ellos la trenza de pelo que el marido le había cortado al cadáver; enloquecido, Hugues la mata sin apenas darse cuenta, estrangulándola con la misma cabellera que trata de recuperar. La ironía es que Jane, muerta, se parece *otra vez* a la esposa perdida: «Ya no distinguía a una de la otra, eran el único rostro de su amor». Se cumple aquí aquella descripción de *Vertigo* que, como hemos visto, Hitchcock hizo ante Truffaut: un hombre quiere acostarse con una muerta. Y añadimos: porque la amó en vida.

Por su parte, Simenon —a quien Hitchcock siempre quiso adaptar— narra en *Carta a mi juez* la siniestra historia de un médico de provincias que toma como amante a una joven a la que acaba estrangulando. La novela adopta la forma de una misiva que el detenido dirige al juez, con la esperanza de que «un hombre, uno solo» le comprenda. De origen humilde, Charles Alavoine ha llevado una vida de estrecheces económicas y aburrimiento conyugal, que no obstante adopta un tono nuevo cuando gana una plaza en un pequeño pueblo llamado Ormois. Tras conocer a Martine en la estación de tren de Nantes, el médico se la lleva al pueblo y termina por instalarla en su propia casa como empleada del hogar; tan estrechamente se siente unido a ella de la manera más inmediata. Pero Charles siente unos celos enfermizos de la Martine de turbio pasado que él no conoció; a fin de poseerla plenamente, se va a vivir con ella lejos del hogar familiar. Todos los esfuerzos se revelan inútiles; ella es percibida solo a través de su fantasma. El médico quiere a la primera Martine, no a su impostora. Y, si bien Alavoine trata de devolverle la imagen que tenía cuando la conoció, se diferencia con claridad de Scottie: «Nunca sentí el orgullo de moldear a una mujer a la imagen que yo me hacía de la mujer». Incapaz de encontrar reposo, el médico querría recuperar a «la verdadera Martine»; cuando comprueba que hacerlo es imposible, la estrangula para «arreglar las cosas». Pero alega: «No fue a ella a quien maté.

Fue a la otra». Dicho de otro modo: «Había que matar a la otra de una vez por todas, para que mi Martine pudiese al fin vivir». Entregada la carta, Alavoine se suicidará en prisión antes del juicio.

En ambas novelas, el asesinato es concebido como el medio para la realización del amor una vez que la realidad ha arruinado sus condiciones de posibilidad. El campo semántico de *Vertigo* es similar: no queriendo matar a nadie, Scottie se enfrenta a un problema de duplicidad y quiere recuperar a la mujer perdida. Si bien Mogg cree que solo en la película se saca partido a la idea de que un hombre ha amado a un fantasma, en las tres novelas hay hombres que proyectan sus sentimientos sobre mujeres imaginarias: todos ellos son víctimas de una ficción. O incluso, si se quiere, de una autoficción. Es verdad que solo en el film se alinean la voluntad de la mujer y la del hombre; Judy acepta recuperar al personaje al que interpretó, ya que sigue enamorada de Scottie. Se trata de un cambio de planteamiento que otorga a *Vertigo* una intensidad suplementaria.

Por otro lado, están los mitos. Cabrera Infante ya señaló que la película representa la vuelta del mito amoroso, y sugirió que *Vertigo* conforma una trilogía sobre la soledad del amor perdido junto con *Rebeca* y *Psicosis*. Sea o no el caso, que no está claro, su posición es explícita: «*Vertigo* es de nuevo el mito de Orfeo». Robert Pippin apunta en la misma dirección: Scottie tiene la oportunidad de recuperar a su Eurídice, previa parada en los infiernos de la melancolía aguda, mas termina desaprovechándola por razones no tan distintas a las del dios griego. Ambos, Scottie y Orfeo, se empeñan en *mirar*; uno vuelve la cabeza cuando se le ha dicho que no lo haga, el otro se fija en el broche que delata a Judy. Veremos que tal vez Judy *quiera* ser descubierta; quizá Scottie estaba condenado a perder a la Madeleine por fin recuperada. Pero no solo se nos priva de un final feliz: se nos proporciona uno muy amargo. Y, por cierto, en la novela original abundan ya —de forma incluso jocosa— las alusiones a Eurídice.

Hay otras resonancias mitológicas. Tenemos la leyenda de Tristán e Isolda, una de cuyas versiones relata que el héroe se casa con *otra* Isolda tras perder a la original; también el Pigmalión que se enamora de su propia creación escultórica. Aun así, resultan más estimulantes los paralelismos con cuentos breves que forman parte del canon literario occidental y, más en particular, de la tradición gótica. No en vano, Hitchcock dijo en alguna ocasión que la forma artística más cercana al film cinematográfico es el relato corto: «Es la única en la que pides al público que se siente y lo lea todo de una sola sentada». En sus dos célebres series televisivas, el realizador explotaría esa lógica narrativa a través de concisos episodios de menos de treinta minutos.

De un lado, como supo ver Eugenio Trías, topamos con E. T. A. Hoffmann y Edgar Allan Poe. El primero nos cuenta en *El hombre de la arena* la historia de un estudiante que, traumatizado por la muerte temprana de su padre, se enamora de un autómata de apariencia femenina, y enloquece cuando descubre que su gran amor solo era un truco mecánico. Por su parte, *El retrato oval* de Poe cuenta cómo un pintor va privando de vida a su esposa a medida que la retrata sobre el lienzo; una vez terminado el cuadro, ella muere. En los dos relatos, un hombre se obsesiona con un artificio, ya sea como resultado de una conspiración malévola o de un apasionamiento enfermizo; su despertar a la realidad se produce demasiado tarde. ¿No tiene Scottie algo de cada uno? Primero se enamora de Madeleine, ficción creada para engañarle; luego trata de recrearla sobre la base que le proporciona una Judy a la que cree inocente. Y otro Poe viene a cuento: en *Ligeia*, el narrador que ha perdido a su primera esposa quiere reencarnarla en el cuerpo de la segunda, siendo esta última más vulgar y banal que la otra; igual que Judy es menos elegante que Madeleine.

El relato de Ambrose Bierce titulado *An Occurrence at Owl Creek Bridge*, traducido en ocasiones como «El incidente del puente del Búho», presenta un especial interés para nuestro tema. Recordemos que la primera secuencia de *Vertigo* plantea una pregunta de difícil respuesta: ¿cómo se salva Scottie cuando el agente que intenta rescatarlo cae al vacío? Está colgado precariamente de un desagüe; no parece probable que alguien hubiese podido llegar hasta él antes de que las fuerzas lo abandonasen. Después del correspondiente fundido en negro, nos lo encontramos en casa de su amiga Midge —situada en el barrio sanfranciscano de Telegraph Hill— discutiendo los matices de su acrofobia y las incomodidades del corsé. ¿Qué ha pasado? Si Scottie ha llevado un corsé, razonamos, es que ha sufrido una caída.

A diferencia de lo sucedido en el desenlace de *La ventana indiscreta*, cuando el mismo Stewart se precipita al suelo desde la ventana de su piso y termina con las dos piernas escayoladas, la caída de Scottie en *Vertigo* habría sido mortal de necesidad. Por algo escribió Robin Wood que toda la cinta parece estar suspendida sobre el abismo; se nos ha hurtado una explicación que echamos en falta. Y tal vez sea Bierce quien nos la proporcione.

¿No podría la película ser un sueño o ilusión de Scottie? Chris Marker sostiene que la segunda parte —que sigue al colapso psíquico de Scottie— es una ensoñación. Para el crítico James Maxfield, en cambio, todo lo que vemos en pantalla es una ilusión: la que concibe un hombre que está a punto de morir. Y eso es exactamente lo que pasa en el relato de Bierce, que pertenece a su serie de cuentos sobre la guerra de Secesión: un soldado que está a punto de ser ahorcado sueña su fuga. De la misma manera, Scottie fantasearía con su salvación sobre la base que proporcionan algunas de sus experiencias. La cuestión es que Hitchcock conocía la historia, que adaptó para su serie televisiva en 1959; también lo hizo Robert Enrico en un corto de 1962 que apenas tiene diálogo y que llegó a emitirse en la legendaria *Dimensión desconocida*. Es una hipótesis con fundamento: la primera de las revisiones del guion de Samuel Taylor está firmada juguetonamente por «Samuel Taylor y Ambrose Bierce». Además, ya se ha dicho que Taylor conocía bien la Bay Area; seguramente conocía un cuento de Bierce titulado *The Man Out of the Nose*, que presenta innegables semejanzas con *Vertigo*: se desarrolla en San

Francisco y en él se relata la obsesión de un hombre por una mujer que ha fallecido por su culpa. Ítem más: el título de ese otro cuento de Bierce remite a *Con la muerte en los talones*, que Hitchcock está preparando cuando rueda *Vertigo* y que acaba con Cary Grant escapando por encima de las narices de los presidentes —Lincoln entre ellos— cuyos rostros están esculpidos en la piedra del famoso monte Rushmore.

## SALÓN DE ESPEJOS MÚLTIPLES

Podríamos detenernos aquí o seguir buscando prefiguraciones de *Vertigo* hasta la extenuación; dejémoslo en un término medio, señalando algunas otras asociaciones particularmente atractivas. Por ejemplo, ya hemos dicho que Scottie se llama Scottie por influjo de un guionista escocés. ¿Y qué hay de Madeleine? En el apéndice 21 de su «rutina de ejercicios» sobre la Albertine de Marcel Proust, la escritora Anne Carson recuerda que el pastelito llamado «magdalena» fue inventado por un rey de Polonia cuya jefa de repostería se llamaba, claro, Magdalena; al parecer, una orden de monjas siguió con la receta hasta que la Revolución francesa abolió los conventos. Carson *herself* señala que la otra Madeleine relevante de nuestra tradición cultural —olvidando por cierto a la María Magdalena de los Evangelios— es una heroína hitchcockiana que muere tras ser sorprendida *por una monja* en la torre del campanario. ¿Era Hitchcock, hombre cultivado, lector de

Proust? La importancia del pasado en *Vertigo* no puede menospreciarse; a Madeleine se la supone bajo el hechizo de Carlota y tanto Scottie como Judy vivirán aplastados por el peso de lo que les sucede durante la ejecución del plan de Elster. Es un pasado que se echa encima de Scottie cuando besa a la Judy transfigurada por modistos y peluqueros: bajo la luz verde que proyecta el cartel luminoso del hotel, lo que parecía haberse perdido para siempre se materializa literalmente ante su presencia. O eso, feliz infeliz, piensa nuestro antihéroe.

Claro que el nombre de Madeleine ya está en la novela de Boileau y Narcejac; es el único que sobrevive a la adaptación. Susan Levine subraya la raíz hebrea del nombre: *migdal* significa «torre». Así que en *Vertigo* no solo tenemos el campanario y la Coit Tower, esta última visible ya desde la secuencia inicial de la persecución por los tejados, sino también a una mujer cuyo nombre remite a las alturas; igual que en la novela aparece enseguida la Torre Eiffel. Pero es que el nombre «Madeleine» no se pronuncia en el film hasta que se han consumido 38 minutos de metraje; Elster se ha referido solamente a su «esposa», sin ofrecer más detalles. Y, por cierto, hay una Madeleine llena de doblez, de origen humilde y travestida de condesa, que precede a la de *Vertigo*: es la Marlene Dietrich de *Deseo*, producción de Ernst Lubitsch dirigida por Frank Borzage, una sofisticada ladrona de joyas que se desvía de su camino al enamorarse del torpe millonario al que da vida Gary Cooper. De hecho, la Madeleine de Elster no es la única esposa cinematográfica que responde a ese nombre; también lo lleva la mujer del adúltero protagonista de *Breve encuentro*, que comparte un rasgo con la esposa asesinada en *Vertigo*: permanece en *off* durante toda la narración. A David Lean, director de *Breve encuentro*, debía de gustarle el nombre: en 1950 dirigió *Madeleine*, melodrama judicial en el que una mujer de buena familia es absuelta del asesinato de su amante por falta de pruebas concluyentes.

Y si de nombres hablamos, merece la pena añadir el que los guionistas asignan a la librería donde Scottie busca información sobre la historia de Carlota, presunta antepasada de Madeleine; el lugar se llama Argosy (como la productora fundada en 1939 por John Ford y Merian C. Cooper) y está regentado por Pop Leibel, amigo de Midge. De acuerdo con los viejos diccionarios, nos informa Cabrera Infante, tal era la denominación que se daba a ciertas embarcaciones de la Antigüedad; los argonautas son marineros del Argo, que proviene del nombre italiano —Ragusa— de lo que hoy es Dubrovnik. El escritor cubano añade que Scottie se entrevista en la librería con un sabio —«el Snorri Sturluson del pobre»— que pone al espectador en el camino de los misterios.

Aunque *Vertigo* es una obra única, puede asimismo relacionarse con el cine precedente. Y sobre todo, para empezar, con Luis Buñuel. Es natural que Hitchcock profesara admiración por el inimitable aragonés, a quien le habló de *Tristana* («esa pierna, esa pierna») cuando se conocieron. Por ello no puede ser casual que una de las escenas de *Él*, que se cuenta entre las mejores películas mexicanas de Buñuel, transcurra en lo alto de un campanario; es allí donde el enloquecido galán interpretado por Arturo de Córdova amaga con matar a una mujer por la que siente una fijación enfermiza. ¿Y qué hay de *Ensayo de un crimen*, en la que el perturbado Archibaldo de la Cruz invita a casa a la mujer a la que quiere asesinar, habiéndose agenciado antes a una maniquí que se le parece y a la que viste —ella acepta el juego— con su ropa? También don Jaime, motor de *Viridiana*, vive un amor necrófilo. Y dado el papel central que la relación entre amor y muerte desempeña en el cine de ambos, es una suprema ironía que la responsable involuntaria de la caída fatal de Judy al final de *Vertigo* sea una monja de apariencia inofensiva.

De hecho, el plano más buñuelesco del cine de Hitchcock está en *Vertigo*, justo antes del diálogo final entre los protagonistas: vemos los pies de Judy, vestida como Madeleine, subir los últimos escalones del campanario como si su cuerpo levitase; fuera de plano, Scottie la está arrastrando de manera violenta hacia arriba. Hay otro campanario donde muere una rubia a manos de su obsesivo amante: la poco convincente *femme fatale* a la que da vida Marilyn Monroe en *Niágara*, un colorido *noir* de Henry Hathaway filmado en 1953 en el que el marido traicionado, interpretado por Joseph Cotten, estrangula a su esposa tras regresar —esta vez es él— de entre los muertos. Y por agotar las curiosidades: al final de *Thunder on the Hill*, un convencional melodrama criminal de Douglas Sirk estrenado en 1951, el asesino arrastra a la monja que ha descubierto su culpa-

© Filmoteca Española

bilidad —una improbable Claudette Colbert— a lo alto del campanario desde donde quiere arrojarla al vacío.

Buñuel al margen, el enciclopédico Mogg enumera un conjunto de obras poco conocidas del canon hollywoodense que pueden asociarse con *Vertigo*, apuntando con ello a un fenómeno de polinización recíproca que caracteriza a la práctica artística en todas las épocas. Entre ellas se cuentan *Carrefour* (Curtis Bernhardt, 1938), en la que un exsoldado amnésico de la Gran Guerra se apodera de la identidad de un industrial muerto en el frente; *The Uninvited* (Lewis Allen, 1944), en la que dos hermanos han alquilado una mansión costera en Cornualles y se ven implicados en una peculiar trama de fantasmas y posesiones de ultratumba, o *I Remember Mama* (George Stevens, 1948), en la que una escritora recuerda su niñez en San Francisco a primeros de siglo y, en particular, las excentricidades de su madre noruega. Más conocidas son

*Portrait of Jennie* (William Dieterle, 1949), en la que un pintor depresivo conoce a una niña que se va haciendo mayor a medida que posa como modelo para su retrato y que un día desaparece por pertenecer en realidad a otro tiempo, así como *Laura* (Otto Preminger, 1944), en la que un inspector de policía investiga la muerte de una mujer de la que se va enamorando —con la ayuda de un retrato— hasta que ella misma regresa del más allá; no había sido asesinada en absoluto.

Pero Mogg no menciona *Phantom Lady*, firmada por Robert Siodmak en 1944, en la que un hombre acusado de matar a su esposa no logra dar con la mujer junto a la que se encontraba en el momento del asesinato; ninguno de los testigos a los que recurre dice haberla visto y solo la fe de su secretaria permitirá demostrar que la «dama fantasma» formaba parte —como en

*Vertigo*— de una trama criminal. A decir verdad, el tema de las desapariciones y las falsas identidades es frecuente en el cine de los años cuarenta; si la refugiada interpretada por Ingrid Bergman en *Stromboli* acaba en la isla desolada del mismo nombre, es porque se hace pasar por otra mujer en el campo de refugiados en que malvive tras acabar la guerra. Es como si la oscuridad de la primera mitad del siglo dejase su huella sobre la imaginación popular, sembrando dudas sobre la fiabilidad de nuestras impresiones acerca de los demás. No todo es negro: en *Las tres noches de Eva*, desternillante comedia del maestro Preston Sturges que llegó a las salas en 1941, el millonario Henry Fonda se enamora de una estafadora a la que interpreta Barbara Stanwyck; tras romperse el compromiso y mantenerse ambos sin contacto durante un tiempo, ella logra enamorarlo de nuevo fingiendo ser otra mujer *a pesar* de que parece ser —de que es— exactamente la misma. A Fonda le pasa aquí como a Stewart en *Vertigo*: sin la ceguera del hombre, la mujer no podría salirse con la suya.

¡No se vayan todavía, aún hay más! Bill Krohn ha tenido la perspicacia de señalar el posible influjo sobre *Vertigo* de una de las películas mudas de Fritz Lang, cineasta con quien Hitchcock mantiene una deuda estimable. *La muerte cansada*, realizada en 1921, cuenta la historia de una mujer que penetra en el reino de los muertos para reclamar a su marido muerto y termina por revivir su pérdida mediante tres reencarnaciones sucesivas. Hilando fino, también en *Perversidad* nos encontramos con un hombre maduro (Edward G. Robinson) que se deja engañar por una mujer (Joan Bennett) encargada de representar el papel de enamorada por órdenes de un gángster de medio pelo (Dan Duryea). Eso sí, el siniestro mundo de claroscuros del maestro alemán deja paso en *Vertigo* a un estallido de colores que tiene como efecto la intensificación paradójica del elemento criminal presente en ambas películas.

*¿Y qué hay de* Ordet*?* Si en *Vertigo* se ejecuta una falsa resurrección, en la película de Carl Dreyer —estrenada en 1955— se produce una resurrección de verdad: una mujer regresa a la vida gracias a la intercesión de su enigmático cuñado, Johannes, un místico que pasa por demente en una pequeña localidad de la costa sueca. Ninguna otra cosa hermana a estas dos películas, cuyos presupuestos estéticos no pueden ser más dispares; ambas son obras superlativas en las que el milagro de la resurrección se cumple de maneras distintas. Dreyer nos pide un acto de fe y hace creíble lo increíble a través de una austeridad formal que prescinde de la música y del color; Hitchcock convierte lo inverosímil en plausible sin dar tregua a nuestros sentidos. Tampoco son desdeñables los paralelismos que pueden encontrarse entre *Vertigo* y *Peeping Tom*, singular obra firmada por Michael Powell en 1960. Se nos cuenta en ella la historia de un joven inadaptado que experimenta placer escopofílico cuando filma la muerte de las mujeres a las que secuestra. Powell no solo coloca un ojo al comienzo de la cinta, indicando con ello que su tema es la relación que una mirada enfermiza mantiene con la realidad, sino que su desenlace incluye a una mujer que se queda

sin nada a lo que agarrarse tras un paroxismo de amor y muerte; igual que Scottie. Es, como *Vertigo*, una película cuyo prestigio crítico fue aumentando poco a poco después de una tibia recepción inicial; hay logros que solo la posteridad puede reconocer.

Y, en fin, tiene su gracia que Hitchcock ponga el nombre de «Hotel Madeleine» al establecimiento donde se desarrolla *Into Thin Air*, episodio de la primera temporada de *Alfred Hitchcock presenta* que se emite en octubre de 1955. La base del episodio es una historia muy querida por el director: una chica, interpretada por su hija Patricia, llega con su madre a un hotel de París para visitar la Exposición Universal. Encontrándose esta última muy enferma, la atiende un médico; enviada la hija a por un fármaco, encuentra a su regreso que la madre ha desaparecido; todos los que la habían atendido en el hotel niegan haberla visto. La solución al enigma, sencilla e inesperada, ha cobrado actualidad tras la pandemia de la COVID-19: habiendo reconocido el médico en la madre los síntomas de la peste bubónica, y una vez consultadas las autoridades, se decide hacer desaparecer el cadáver sin más explicaciones a fin de no comprometer el éxito de la exposición. La historia no tiene nada que ver con *Vertigo*, salvo en un detalle: una recepcionista niega en el film la presencia de Madeleine en su establecimiento —el hotel McKittrick— pese a que Scottie la ha visto entrar y subir a su habitación.

Queda así claro que *Vertigo* puede relacionarse de manera provechosa con un buen número de obras de distintos registros. Pero ella misma habla por sí sola a través de un lenguaje universal; no necesita de ningún precursor para hacerse inteligible. Y no solo está hecha de palabras; por más que a Hitchcock le aburriesen los rodajes, el guion tenía que llevarse a la pantalla y por el camino se tomaron decisiones de la mayor importancia para la suerte final de la película. Merece la pena conocer algunos detalles de este proceso.

## ¡SILENCIO, SE RUEDA!

Alfred Hitchcock tenía cincuenta y siete años cuando empezó el rodaje de *Vertigo*, cuyo inicio hubo de retrasarse a causa de una serie de problemas de salud sin precedentes en la vida del realizador: una hernia biliar, ictericia, hemorragias internas. A ello hay que sumar el cáncer de su esposa, Alma, felizmente superado tras unos meses de angustia. Tales dificultades personales ratifican que *Vertigo* no fue una película cualquiera para su realizador, un hombre que empezaba a dejar atrás su fructífera madurez para adentrarse en ese inquietante territorio desde el que ya puede divisarse la vejez.

La eficiente máquina de producción hitchcockiana funcionó a buen rendimiento con sus componentes habituales y alguna novedad de última hora. El cineasta, que planificaba sus trabajos con detalle y afrontaba como una penosa obligación la ejecución de sus ideas en el rodaje, solía ser frugal: rodaba dos o tres tomas cuando trabajaba *on location* y seis o siete dentro del estudio. Entre sus colaboradores para *Vertigo*

volvieron a encontrarse la legendaria diseñadora de
vestuario Edith Head y el montador George Tomasini,
cuyo temprano fallecimiento en 1964 Hitchcock tanto
lamentaría. Fijo hasta su muerte en 1968, el director de
fotografía Robert Burks había rodado con el maestro
desde *Extraños en un tren* en adelante —salvo *Psicosis*—, y aquí hubo de manejar la enorme cámara con
trípode que exigía el sistema de procesamiento del color de VistaVision. Su esfuerzo fue recompensado, ya
que el color es uno de los elementos principales de la
propuesta estética de *Vertigo*. Es un punto en el que conviene detenerse.

Es sabido que los años cincuenta fueron dramáticos
para Hollywood; el paulatino debilitamiento del sistema de estudios y la rápida expansión de la televisión
dibujaban para la industria un futuro marcado por los
rendimientos decrecientes. Defendiéndose como gato
panza arriba, sus ejecutivos trataron de mantener a los
espectadores en las salas aumentando la espectaculari-
dad de las proyecciones, sobre todo mediante el en-
sanchamiento de la pantalla y el reforzamiento del
color. A diferencia de los experimentos en 3D (entre
ellos *Crimen perfecto*, del propio Hitchcock) y la pantalla curva del Cinerama, la *widescreen* logró consolidarse
a lo largo de esa década mediante distintos sistemas
que competían entre sí. Después de que la Twentieth
Century Fox hubiera anunciado su compromiso con el
CinemaScope en 1953, la Paramount respondió con
el lanzamiento de VistaVision a partir de una patente
registrada en 1926, que exigía la proyección horizontal

de una película de 35 mm con la ayuda de una cámara suministrada por el estudio. El rango del negativo se ampliaba un 150 por ciento y de ello se beneficiaron producciones como *Los diez mandamientos* o *Centauros del desierto*; en el maravilloso musical de Rouben Mamoulian *Silk Stockings*, un *remake* de *Ninotchka* estrenado en 1957, hay un número cuya canción se ríe con afecto del sistema VistaVision y otras novedades introducidas por la industria con objeto de retener al público que empezaba a quedarse en casa viendo la televisión. Por lo demás, la contribución de VistaVision a la impronta visual de *Vertigo* es incuestionable. En palabras de Ana Salzberg:

> Enfatizando la verticalidad y la profundidad de campo, rebasando el eje estrictamente horizontal del formato de pantalla grande del CinemaScope, el sistema VistaVision muestra la imponente materialidad de los lugares de *Vertigo* en correlación directa con su valencia psicológica y su papel en la mitología diegética.

El trabajo de Burks luce así de manera sobresaliente en su colaboración con el veterano Farciot Edouart, encargado del procesado fotográfico del estudio y reconocido maestro a la hora de combinar metraje pregrabado y escenas nuevas. Puede comprobarse a lo largo de toda su filmografía que Hitchcock era muy amigo de las *rear projections*, que sirven como fondo para las escenas que se ruedan en estudio. Su empleo fue la norma en un sistema de estudios que minimizaba las costosas salidas al exterior, y Hitchcock —que recurrió a ellas incluso cuando habían pasado de moda— siempre puso el mayor empeño en asegurar su verosimilitud. Hay secuencias del film en las que el falso fondo salta a la vista: cuando Scottie y Madeleine se besan junto a un océano tempestuoso, el contraste entre los planos rodados en el estudio y aquellos en los que ambos actores se encuentran en la península de Monterrey resulta evidente. Pero no anda desencaminado Dan Aulier cuando sostiene que en este terreno nunca se ha superado la escena que se desarrolla en la librería Argosy: el interior y el exterior de la tienda se oscurecen gradualmente a medida que Pop Leibel cuenta la historia de Carlota, sin que podamos discernir la diferencia entre los dos planos visuales; una proeza técnica culminada en el momento en que Scottie y Midge salen del establecimiento y vemos cómo el dueño del establecimiento enciende las luces al fondo del plano.

¿Y los actores? Ni que decir tiene que su elección tenía para Hitchcock una importancia superlativa. Su conocida comparación del gremio con el ganado debe entenderse cabalmente: estaba tan seguro de lo que quería de cada intérprete que no concedía demasiado margen para la improvisación. Eso no significa que limitase su expresividad; los elegía a sabiendas de lo que cada uno de ellos podía aportar según su particular idiosincrasia. Y, pese a que él solía acertar con sus repartos, era muy consciente de que un mal casting puede arruinar una película. Saber elegir a los actores es un rasgo definitorio de los buenos productores, y, como se ha dicho ya, Hitchcock se desempeñó en esa doble función —productor y realizador— durante sus años en la Gaumont británica. Era una de las razones por las cuales David O. Selznick estaba empeñado en ficharle: pensaba que el papel central del productor en el sistema de estudios garantizaba la sencilla integración del director británico en aquel Hollywood. Hoy sabemos que las cosas entre ellos no fueron tan fáciles.

En el caso de *Vertigo*, la elección de su buen amigo James Stewart ofrecía pocas dudas; el espigado actor *hoosier* había empezado a colaborar con Hitchcock diez años antes, encarnando en *La soga* al profesor de filosofía que incita sin querer a dos de sus alumnos a cometer el crimen perfecto, y repitiendo luego en *La ventana indiscreta* y *El hombre que sabía demasiado*. Después de una primera fase de su carrera en la que Stewart había encarnado de manera preferente al joven idealista en quien podía verse reflejado cualquier buen estadounidense, sin olvidarnos por ello de sus memorables papeles cómicos en *Historias de Filadelfia* o *El bazar de las sorpresas*, Stewart reconstruye su imagen actoral en los años cincuenta explotando su lado oscuro, cuya expresión más sistemática se encuentra en la serie de *westerns* realizados con Anthony Mann. En esa misma línea se sitúan sus papeles para Hitchcock: si el profesor de *La soga* es de alguna manera corresponsable del asesinato perpetrado por sus estudiantes, el fotoperiodista de *La ventana indiscreta* es incapaz de responder a su vecino Raymond Burr cuando este le pregunta por qué se ha metido en su vida y, en fin, el marido de *El hombre que sabía demasiado* está lejos de formar parte de lo que a primera vista se presenta como una modélica familia americana. Aun así, ninguna creación de Stewart presenta rasgos tan enfermizos como el Scottie de *Vertigo*, lo que habla muy bien de los riesgos dramáticos que estaba dispuesto a correr un actor que había consagrado su popularidad con la amabilísima *Harvey* ocho años atrás; el yerno ideal se había convertido en un neurótico irreconocible.

Hay que pensar que en el *star system* cinematográfico —ya se trate del hollywoodense o de sus versiones europea o asiática— el espectador se ve constantemente obligado a negociar la presencia del actor en múltiples encarnaciones sucesivas, separando en cada ocasión a la *estrella* que da entrevistas del *personaje* que aparece en pantalla. Tenemos así que aceptar que Stewart es en distintos momentos un joven político lleno de ingenuidad y un pistolero que clama venganza, por no hablar de sus encarnaciones de Glenn Miller o Charles Lindbergh en los *biopics* de estas figuras históricas. Esta peculiar «continuidad» del actor cinematográfico permitió a Luc Moullet hablar de una *política de los actores* que reconoce la autoría de los intérpretes en los films en los que participan; en otro registro, Eduardo Russo ha escrito que las estrellas incorporan una inevitable dimensión *performativa* que trasciende el relato del que forman parte. Vemos a Scottie y a la vez vemos a Jimmy Stewart haciendo de Scottie, bordando el papel de hombre frágil que ignora su propia fragilidad y que termina devorado por ella. Su expresividad corporal es sobresaliente: maravillémonos ante la muda elocuencia con que un *encogido* Scottie se nos presenta en el sanatorio, privado de cualquier motivación tras la muerte de Madeleine y volcado hacia esa interioridad en la que se repiten sin cesar los recuerdos inculpatorios.

Es sorprendente que un contrariado Hitchcock achacase el fracaso relativo de la película en taquilla a la avanzada edad de Stewart, que tenía cuarenta y nueve años cuando empezó el rodaje. Es una apreciación injusta; si algo caracterizó a Stewart, fue su dificultad para envejecer. ¿Acaso no es un sheriff bien parecido, capaz de seducir a una joven mexicana, en *Dos cabalgan juntos*, el *western* tragicómico de John Ford que se estrena tres años después? Para Charles Barr, la edad de Scottie en *Vertigo* posee una cierta fluidez, situándose entre la primera y la última madurez. La verdad es que su *bachelor* cuarentón resulta creíble; solo un hombre discretamente atormentado por su soledad puede llegar tan lejos cuando se cruza en su vida una pasión amorosa intempestiva. Stewart logra transmitir desde el comienzo del film esa vulnerabilidad emocional de la que su excompañero de colegio Gavin Elster se aprovecha con fines perversos. La ductilidad expresiva de Stewart le permite incluso proyectar, de acuerdo con Susan White, una notable «ambigüedad de género»; su caída de la escalerilla en casa de Midge, cuando prueba suerte con su acrofobia y se derrumba sobre su vieja amiga, así lo sugiere. Para Amy Lawrence, si Stewart se convierte en un intérprete privilegiado de la crisis de masculinidad en el cine de los años cincuenta es gracias a la representación

«feminizada» de su debilidad en los *westerns* de Mann y los psicodramas de Hitchcock. Situada al final de la década, *Vertigo* es la culminación de esa veta interpretativa y se beneficia de su ambigüedad.

Stewart es así un Scottie perfecto; no podemos imaginarlo encarnado por ningún otro actor. En cuanto a Madeleine y Judy, hay opiniones encontradas. No es un secreto que Kim Novak llega a la producción a última hora, tras la salida de una Vera Miles que constituye la opción inicial de Hitchcock. Y ciertamente es posible imaginar a una Madeleine interpretada por Miles; más difícil se antoja representársela como Judy. Recordemos que esta actriz de aspecto elegante y delicado había trabajado con Hitchcock en *Falso culpable*, donde interpretaba a una mujer que termina por volverse loca —a la manera pasiva y melancólica— después de que su marido haya sido acusado de asesinato. Miles había empezado su colaboración con el realizador londinense un año antes, protagonizando junto a Ralph Meeker el primer episodio de *Alfred Hitchcock presenta*; tras descubrirla en la serie cómica *The Pepsi-Cola Playhouse*, Hitchcock se había apresurado a contratarla con la intención de convertirla en el reemplazo de Grace Kelly. Pero Miles se había casado con el rudo actor Gordon Scott, que llevó a la pantalla a Tarzán y a Maciste, y se quedó embarazada en 1957; su participación en *Vertigo* quedó descartada de inmediato. Se repetía un patrón: ya en los casos de Ingrid Bergman y Grace Kelly, una boda había truncado la relación profesional entre Hitchcock y sus actrices fetiche. ¡La vida! El matrimonio de Miles apenas duró tres años, pero Hitchcock —quien le dio un papel secundario en *Psicosis* y el rol protagonista de *Incident at a Corner*, su única obra televisiva de sesenta minutos— ya había perdido interés en ella.

Hacía falta una actriz capaz de encarnar la distante sofisticación de Madeleine y la sensual vulgaridad de Judy; alguien con la inocencia necesaria para dejarse engañar por Elster y enamorarse de su víctima, Scottie. O lo que es igual: el desdoblamiento Madeleine/Judy demandaba una intérprete que resultase creíble encarnando dos ideales contrapuestos de feminidad; tomando la palabra al propio Hitchcock, a quien la revista *Hollywood Reporter* preguntó por su idea de lo femenino en 1962, había que pasar de una mujer elegante que oculta sus encantos y mantiene en torno a sí un aura de misterio (Madeleine) a otra que «exagera sus atributos físicos hasta un punto en que no cabe ignorarlos» (Judy). Dan Aulier cree que ni Hitchcock ni Stewart estaban del todo convencidos de que Vera Miles fuese esa actriz, de modo que su embarazo bien pudo ser una *blessing in disguise* que les obligaba a cambiar de tercio.

Surge entonces la opción Kim Novak: una actriz de origen checo a la que Harry Cohn, presidente de Columbia, había lanzado al estrellato. Novak había debutado en *Pushover*, un decente *noir* de 1954 dirigido por Richard Quine —quien le daría un papel a su medida en la notable *Strangers When We Meet* y estuvo perdidamente enamorado de ella— en el que hacía pareja con Fred MacMurray, a cuyo personaje lleva por mal camino merced al calculado despliegue de una desbordante sensualidad. Hitchcock la había visto en *The Eddy Duchin Story*, un musical en Technicolor de George Sidney; no habiendo constancia de que hicieran *screen tests* a ninguna otra actriz, hay que concluir que jamás hubo dudas acerca de su idoneidad. El guionista Samuel Taylor matizó que, de haber sido la elegida una actriz de mayor renombre, Judy habría tenido un tratamiento más elaborado. Es posible. Pero es mejor así; el misterio que rodea a la ordinaria chica de Salinas redunda en beneficio del film.

Gracias a su inexpresividad, Novak está magnífica. Y eso que comenzó el rodaje rebelándose contra lo que consideraba un excesivo dirigismo por parte de Hitchcock. Según parece, la actriz se negó en redondo a vestir el traje gris de Madeleine, que Hitchcock consideraba innegociable; aunque lograron que se atuviera al guion, Novak se sintió encarcelada durante toda la producción. Su descubridor, Harry Cohn, era más estricto; como recuerda Virginia Wexman, el jefe del estudio solo dejaba que su protegida comiera lo que cocinaba el chef de este último para así evitar que Novak —quien luchó por mantener su apellido familiar pese a su marca étnica— ganara peso. Cohn se refería ocasionalmente a ella como «the fat Polack», aunque Novak venía de Checoslovaquia, considerándola una creación suya. Irónicamente, fue Alma Reville la que luchó hasta el final para que Hitchcock suprimiese un plano de la actriz cruzando Union Square porque en él se destacaban «sus piernas gruesas»; la sororidad no podía darse por supuesta en el sistema de estudios. El caso es que Novak, quien sabía lo que una mujer siente cuando un hombre mayor se empeña en decirle lo que debe ponerse, se identifica de tal manera con esa Judy a quien visten sucesivamente Elster y Scottie —solo el segundo la *inviste* en sentido psicoanalítico— que acabará por otorgar un significado personal a su interpretación: «Era lo que sentía cuando llegué a Hollywood siendo una joven. ¿Sabes? Quieren rehacerte por completo. Te peinan y te maquillan y yo me sentía siempre en lucha por mostrar algo de mi verdadero ser».

Se trasluce en esa queja la súplica sin esperanza que Judy dirige a Scottie, a quien pide que la ame tal y como es. La idea carece de sentido en la película, y eso explica que Judy apenas se resista al proceso de transformación que Scottie tiene en la cabeza: una ficción que quiere resucitar a Madeleine y que termina matando a Judy. En lo que a Hollywood se refiere, la desnaturalización del individuo que quiere triunfar en la industria es una constante en sus propias narraciones; es ya el tema de la primera versión de *Ha nacido una estrella*, que dirige William Wellman en 1937, y su presencia se extiende al menos hasta *Mulholland Drive*, relato de la aniquilación de una aspirante a estrella que hace el viaje de la América interior a la soleada California. No fue ese el destino de la triunfante Novak, quien desarrolló una larga carrera que incluyó su aparición como invitada de última hora en la popular serie televisiva *Falcon Crest*. La actriz no se ha perdido ninguno de los reestrenos de *Vertigo* y se siente legítimamente orgullosa de su contribución al film. Eso permite a McGilligan preguntar si el fin no podrá entonces justificar los medios: ¿merece la pena sufrir como actriz en el curso del rodaje si el resultado es pasar con letras de oro a la historia del cine?

Hay quien discrepa: Camille Paglia cree que la Novak de *Vertigo* pertenece a ese grupo de actrices que, como la Gene Tierney de *Leave Her to Heaven* o la Catherine Deneuve de *Repulsión* o *Belle de jour*, parecen zombis privados de afecto. El propio Hitchcock se mostró insatisfecho con su actuación cada vez que se le preguntaba al respecto, justificando su presencia en el film como el resultado de la repentina indisponibilidad de Vera Miles. Discrepamos: la Madeleine de Novak solo es fría porque así lo requiere el papel que Elster ha creado para Judy. Los afectos de esta última se dejan ver sutilmente en la escena que tiene lugar en el apartamento de Scottie, quien la ha salvado de esa «muddy death» que —el adjetivo es de Shakespeare— sufren los ahogados, así como cuando ambos se besan a la orilla del mar tempestuoso. Cabrera Infante dice que Novak «proyecta una sensualidad mórbida, decadente y a la vez sumamente atractiva, como si debajo de la helada superficie se escondiera un fuego oculto». Es difícil imaginar a una Vera Miles tan apasionada; ni Grace Kelly ni Ingrid Bergman habrían podido encarnar tan creíblemente a la vulgar tejana con que Scottie se topa por la calle. Así que nos quedamos con Novak.

En cuanto al resto del reparto, el casting es impecable. Gavin Elster es Tom Helmore, secundario inglés que venía de participar en una comedia de Vincente Minnelli curiosamente titulada *Designing Woman* —en la que Lauren Bacall es modista de alta costura— y que había trabajado con Hitchcock en *El ring* allá por 1927 y en *El agente secreto* nueve años después. Helmore construye un villano elegante y peculiar en el cine de su autor; a diferencia de otros «malos» hitchcockianos, Elster actúa en la sombra y cuando habla con Scottie se conduce como un caballero sin tacha. Pronto desaparece para no volver y, aun habiéndose rodado una escena final en la que Scottie y Midge oyen en la radio que Elster ha sido detenido en Europa, el Código Hays había perdido buena parte de su fuerza y ese tibio desenlace pudo dejarse fuera del montaje final; tras urdir el maligno plan que le dará libertad y riqueza, el villano se sale con la suya. Eso convierte a Scottie en un perdedor absoluto; ni siquiera le cabe el consuelo de ver cómo se hace justicia con su verdugo.

Por último, tenemos a Midge. La amiga de Scottie está enamorada de él y quizá se arrepienta de haber roto —sin que sepamos por qué— el breve compromiso matrimonial que los unió durante la etapa universitaria. Su papel lo interpreta la excelente Barbara Bel Geddes, actriz de formación teatral entre cuyos éxitos en Broadway se cuentan la interpretación de Maggie en el montaje original que Elia Kazan hiciese de *La gata sobre el tejado de zinc caliente*; no obstante, terminaría siendo reconocida por el gran público gracias a su papel como matriarca de la familia Ewing de la serie televisiva *Dallas*. Geddes proporciona a Midge el equilibrio justo entre la profesionalidad bohemia, la amargura de la *old maid* incapaz de evitar que su amado Scottie se enamore de una desconocida y la sincera preocupación por la suerte de este último. Y, no careciendo de atractivo, el personaje simboliza durante toda la película el camino del matrimonio con tintes maternales que permanece abierto ante Scottie y que Scottie no se decide a tomar; el contraste entre las amistosas conversaciones que ambos mantienen en el coqueto apartamento de Midge y la violenta pasión que Scottie desarrolla por Madeleine habla por sí solo. Scottie prefiere la ficción romántica a la ficción burguesa; solo él podría aclararnos si, a la vista del daño sufrido por el camino, habría sido preferible resguardarse de las inclemencias de la pasión en el repetitivo hogar matrimonial.

## CODA: DE LA PARTITURA AL ESTRENO

No se puede hablar de *Vertigo* sin hacerlo de su banda sonora, culminación del talento de Bernard Herrmann y cristalización definitiva de su fructífera colaboración con Alfred Hitchcock. Para el crítico musical Alex Ross, es el mejor *score* de la historia; para el historiador de la cultura Joseph Horowitz, rivaliza con cualquier sinfonía americana. Tienen razón: cuando evocamos las imágenes del film, le ponemos música; si oímos la melodía de su tema principal, sus colores y figuras nos vienen a la cabeza. Imágenes y música se potencian aquí recíprocamente, dando forma a un condensador romántico que fortalece la impresión de sobrenaturalidad que produce la trama. Es significativo que la aparición de Hitchcock en el interior de la narración, justo antes de que Scottie suba a las oficinas del astillero para hablar con Elster, nos muestre al realizador llevando en la mano el estuche de lo que parece ser una trompeta o quizá un clarín: como si la puesta en marcha de la maquinación diabólica de Elster se relacionase con la figura de Orfeo.

Hemos dicho antes que Hitchcock comparaba el arco narrativo de una película con el dibujado por el relato corto. Pero también describió sus *storyboards* como anotaciones musicales; los primeros planos serían como solos de trompeta y los planos largos equivaldrían al acompañamiento orquestal. Ya en 1933 —el sonoro era todavía muy joven— declaró en una entrevista que montar y poner música a la película permite crear «el tempo y el modo de la escena»; en otras ocasiones aludiría a la posibilidad de usarla para marcar a un personaje, establecer un subtexto emocional o reforzar una idea subyacente. El realizador cinematográfico sería a la

vez compositor y conductor de orquesta, ha señalado
Jack Sullivan; la analogía entre *scoring* y *moviemaking*
expresa una concepción musical de la creación cinematográfica. Pocas veces en la obra de Hitchcock ha sido
esto más evidente que durante el largo pasaje sin diálogo —unos veinte minutos— durante el que Scottie sigue a Madeleine por las calles de San Francisco: de la
tienda de flores al museo y de ahí a los pies del Golden
Gate Bridge. Esta larga secuencia, capaz de sumir a los
espectadores en un trance hipnótico inducido por la
música de Herrmann, materializa la idea del «cine puro»
que Hitchcock defendió desde que era joven.

Por desgracia, la banda sonora no fue ejecutada al
gusto del compositor. Tras escribir la partitura en apenas diez semanas a comienzos de 1958 y teniéndola por
su mejor trabajo para la pantalla, una huelga de músicos
impidió a Herrmann dirigir la grabación. Para llegar a
tiempo al estreno, el estudio contrató a Muir Mathieson, quien había de grabar con la Sinfónica de Londres; con el trabajo a medio hacer, los músicos de la
formación inglesa se pusieron en huelga para solida-
rizarse con sus colegas norteamericanos y la grabación
hubo de completarse en Viena. A Herrmann nunca le
gustó esta versión, si bien poco podía hacer al respecto;
lo que sí hizo fue publicar en 1967 un excelente quin-
teto para cuerda y clarinete, *Souvenirs de voyage*, cuyas
semejanzas con *Vertigo* resultan innegables. Pese al des-
contento de Herrmann, el LP de su banda sonora se
vendió razonablemente bien durante los años en que la
película permaneció lejos del alcance del público. Y por

cierto: Jay Livingston y Ray Evans, autores de la famosa «Que Sera, Sera» que Doris Day canta en *El hombre que sabía demasiado*, escribieron una canción pop titulada «Vertigo» que había de usarse en el lanzamiento comercial de la película. Hay que celebrar que el tema no viera la luz; por algo sería.

Cuando se habla de la banda sonora de *Vertigo* es frecuente aludir a sus ecos wagnerianos. La influencia del tema de *Tristán e Isolda* es evidente y remite a un singular precedente cinematográfico: su presencia constante en *Abismos de pasión*, la delirante adaptación que Buñuel hizo de *Cumbres borrascosas*, en la que la arrebatada melodía del alemán sigue al protagonista hasta la tumba misma de su amada. Otros han visto el influjo de Berlioz, pues Herrmann resolvió dedicarse a la composición a raíz del contacto temprano con su música; yo oigo también acordes de Shostakóvich. Los rasgos dominantes de la partitura son el romanticismo y el misterio: las cuerdas suben y bajan al ritmo de las palpitaciones del atribulado Scottie, contribuyendo así a encubrir el engaño del que es víctima; en la secuencia del bosque de secuoyas, por ejemplo, el tema musical refuerza la sensación de que estamos en presencia de un enigma. Pero esas mismas cuerdas sugieren, durante la primera mitad de *Vertigo*, que está sucediendo algo distinto: una verdadera atracción mutua está surgiendo entre el detective y la mujer a la que sigue. Por su parte, Cabrera Infante elogió las «habaneras depravadas» de Herrmann, en referencia a las percusiones que se oyen en la secuencia de la pesadilla que pone a Scottie en estado catatónico. El fraseo evoca en el espectador el mundo hispánico del San Francisco colonial, bajo cuyo hechizo se encuentra esa Madeleine que Elster ha creado para poner en marcha su plan criminal.

Hay que agradecer a Herrmann que persuadiese a Hitchcock de la necesidad de incluir más música en la película, como haría dos años después con la secuencia del asesinato en la ducha de *Psicosis*: ¡Hitchcock la quería muda! Tal vez porque quiso que fuera mudo el plano de las puertas sucesivas que se abren cuando Gregory Peck besa a Ingrid Bergman en *Recuerda* y Selznick no le dejó, endulzando así una brillante idea que habría funcionado mejor aún con un mayor grado de abstracción, o sea, sin el comentario de los violines. La principal beneficiaria en *Vertigo* es la escena en la que Scottie ve a Madeleine por primera vez en el distinguido restaurante Ernie's; Elster lo ha citado para que vea a su esposa y quede hechizado por ella. En la versión definitiva, a las imágenes las acompaña la música *sin* sonido ambiente; todo el foco se concentra en Madeleine, lo que refuerza la sensación de que Scottie está experimentando el encuentro con la máxima intensidad emocional. El mismo recurso es empleado cuando Judy se transforma en Madeleine y sale del cuarto de baño envuelta en un brumoso halo de color verde, recibiendo el beso desesperado de un Scottie que acaba de recuperar a la mujer que creía perdida. Para el especialista Jack Sullivan, nos encontramos aquí con la culminación del «empleo psicológico» de la música: suena la misma melodía que había acompañado el abrazo final de los

amantes en las caballerizas justo antes de que la «falsa» Madeleine echase a correr en dirección a la iglesia.

Por lo demás, sabemos por Peggy Robertson —supervisora de producción que lo dejó todo por escrito— que el rodaje incurrió en un retraso de casi tres semanas y tuvo un sobrecoste de un cuarto de millón de dólares, a pesar de que la mayoría de los planos requirieron solamente unas tres tomas. Las mayores dificultades se presentaron con la escena que relata la estancia de Madeleine en casa de Scottie tras su fingida tentativa de suicidio; Hitchcock no acababa de estar contento con el resultado. Es lógico que el director se esforzase por encontrar el tono apropiado para una secuencia crucial en el desarrollo de la trama: el espectador debe encontrar creíble la representación de Judy *como* Madeleine, así como atisbar rasgos de Judy *en* Madeleine, al tiempo que vemos surgir entre ella y Scottie una nueva intimidad que explica el apasionamiento creciente del detective.

Aunque hoy nos resulta familiar, por lo demás el título de la película fue un quebradero de cabeza para sus creadores. Durante todo un año cundieron las dudas: se manejaron posibilidades tales como *A Matter of Fact, Tonight is Ours, The Mad Carlota, Possessed by a Stranger* o *Face in the Shadow*. Hitchcock no veía este último con malos ojos, pero cuando dio con *Vertigo* supo que estaba ante el título definitivo y se esforzó por vencer la resistencia ejercida por unos ejecutivos del estudio que preferían algo más comercial. En España, se optó por usar el de la novela original, *De entre los muertos*. Y no está mal.

Ya se ha señalado que Hitchcock quiso estrenar *Vertigo*, por razones obvias, en San Francisco. Cuatrocientas cuarenta personas se congregaron el 9 de mayo de 1958 en el Stage Door Theater para ver el film en compañía de sus creadores; después de la función, los periodistas fueron conducidos a Ernie's —el restaurante que había sido replicado en el estudio— para tomar un refrigerio.

Unas semanas después, el 28 de junio, la película empezó a proyectarse en todo el país. No funcionó demasiado bien en taquilla: 3,2 millones de dólares y número 21 del año. Apenas cubrió costes; rindió mejor que la oscura *Falso culpable* y bastante peor que *La ventana indiscreta* o *Con la muerte en los talones*. A los cines españoles no llegaría hasta el 30 de junio, poco antes de concursar en el Festival de San Sebastián, que por aquel entonces se celebraba en julio. Se llevó de la ciudad española una Concha de Plata compartida con *Rufufú* y el premio a la mejor interpretación masculina para James Stewart; que la ganadora fuese la hoy olvidada producción polaca *Eva quiere dormir* dice mucho sobre la miopía con que suelen manejarse los jurados de los certámenes internacionales.

¿Y cómo es que *Vertigo* no conquistó el favor de un público al que Hitchcock tantas veces supo atraerse a lo largo de su carrera? Es probable que su relativo fracaso —como el de *Falso culpable*— se deba al hecho de que la audiencia había sido educada por el propio director en la idea de que su cine ofrecía un ensamblaje chic de suspense y acción. Defraudar la expectativa de los espectadores, privándoles de aquello que se entendía ya entonces como «el toque Hitchcock», podía pagarse con el rechazo popular. Gloria y servidumbre de las fórmulas exitosas: el primer demagogo es el público.

Justo es señalar que la crítica se mostró indecisa. Predominaron las *mixed reviews*: mientras que Jack Moffitt afirmaba en *The Hollywood Reporter* que *Vertigo* era una de las historias de amor más fascinantes jamás contadas y Ruth Waterbury constataba en el *Los Angeles Examiner* que tanto Hitchcock como Novak se mostraban en plena forma, Philip Scheuer escribía en *Los Angeles Times* que la historia tardaba demasiado en aclararse y su colega John McCarten la juzgaba en *The New Yorker* «un sinsentido inverosímil». División de opiniones, pues, para un creador que aún tardaría en ser considerado como el artista que fue. La pregunta de Robin Wood acerca de por qué habríamos de tomarnos a Hitchcock en serio no sería formulada hasta 1965; la película, por su parte, se esfumó en 1974. *Vertigo* había llegado demasiado pronto.

# 2
## FORMAS SIGNIFICATIVAS

*Vertigo* es una película excepcional en la trayectoria de su autor; ocurre que la trayectoria de su autor es, ella misma, excepcional. Pero no debe olvidarse que el *auteur* inglés no trabajaba en el vacío; lo hizo durante casi toda su carrera en un exitoso sistema de estudios dotado de un lenguaje fílmico más o menos estandarizado, que imprimió su sello en miles de producciones a lo largo de varias décadas sucesivas. Cuando se hace *Vertigo*, las *majors* ya no ejercen el control que solían sobre realizadores o estrellas; la cinta es, no obstante, un producto del sistema y demuestra que sus frutos no eran necesariamente previsibles ni se limitaban a la reiteración de las fórmulas más exitosas. Digámoslo ya: Hitchcock es un reconocido innovador que contribuyó como pocos a transformar el lenguaje cinematográfico hollywoodense, tensando la cuerda del clasicismo hasta romperla con sus más audaces contribuciones. Y entre ellas, faltaría más, se cuenta *Vertigo*.

Se ha dicho que la película constituye una indagación en algunos de los temas predilectos de su director. Pero la *forma* ya es un *tema*: antes de crear significados y suscitar emociones, hay que decidir de qué manera se va a contar lo que se quiere contar. En el caso del llamado «séptimo arte», tal como el cine mudo puso de manifiesto en sus años de esplendor, las imágenes en movimiento hacen posible una representación universalmente comprensible de lo particular. Hitchcock era consciente de esa potencia: «Disfruto del hecho de que podemos provocar internacionalmente la emoción de los públicos». Por más que *Vertigo* no sea muda, cualquiera puede sentirse subyugado por ella; de hecho, nada se dice durante la larga secuencia en la que un intrigado Scottie persigue a Madeleine por las calles de San Francisco.

Hablamos entonces de significados y emociones universales: fascinación, deseo, pérdida. No obstante, estas abstracciones deben encarnarse en tipos humanos e historias concretas, de cuya credibilidad y atractivo depende la implicación emocional del público. El cine es un medio que tolera mal la inserción de discursos reflexivos de carácter teórico, ya se haga por medio de una voz en *off* o de las disquisiciones de los personajes. Chabrol y Rohmer lo expresaron bien:

> La corriente que va del símbolo a la idea pasa siempre por el condensador de la emoción. Nunca se trata de un lazo teórico, convencional. La emoción es, por tanto, un medio, no un fin, como en los dramas del gran guiñol.

Por mucho que un director de cine pueda tener —o decir que tiene— más interés en la invención de formas visuales que en el aparato dramático correspondiente, sería un error pensar que Hitchcock carecía de obsesiones propias. Sin embargo, él mismo alimentó esa idea. En el curso de una conversación publicada en la revista *Cinema* en 1963, encarando ya la parte final de su carrera, declaró lo siguiente:

> Pongo el estilo cinemático muy por delante del contenido. La mayoría de la gente, los críticos, sabe usted, comenta las películas solo en términos de contenido. A mí no me importa de qué va un film. Ni siquiera sé quién pilotaba el avión que ataca a Cary Grant. Me da igual. ¡Siempre que el público experimente emociones! El contenido es muy secundario para mí.

No le hagamos demasiado caso: Hitchcock tenía preferencia por contenidos específicos y temas recurrentes; el análisis de su filmografía permite concluir que la elección de la historia que quería contar no le era indiferente. Robin Wood identificó tempranamente cinco «formaciones argumentales» típicas del autor (el inocente acusado, la mujer culpable, el psicópata, la intriga de espías, el matrimonio), mientras que Michael Walker ha preferido trabajar sobre «motivos» para designar así elementos que son recurrentes en su cine (madres, escaleras, llaves, caídas, cadáveres *e tutti quanti*). Si el *tema* es más abstracto, susceptible por ello de ser reducido a una tesis o mensaje, los *motivos* pueden estar al servicio de los temas y, sin embargo, decir cosas distintas en cada ocasión; no todos los cadáveres, por ejemplo, significan lo mismo. Distinguir entre temas y motivos en una obra tan densa como la de Hitchcock, con todo, no es tan fácil; quizá ni siquiera haga falta.

Curiosamente, Walker no incluye el complot o conspiración en su extensa lista de motivos hitchcockianos, pese a que abunden en su obra y cobren especial importancia en las historias de espionaje, de *Alarma en el expreso* a *Topaz*. Todavía en *Frenesí* nos encontraremos con un plan destinado a la criminalización de un inocente, con la particularidad de que este último —el falso acusado de los estrangulamientos— resulta bastante antipático. La conspiración es también uno de los elementos dramáticos de *Vertigo*: el plan de Elster desestabiliza la vida de un Scottie cuya existencia parecía segura a fuer de previsible. En *Vertigo* se encuentran asimismo el tema del doble, asociado a la pesquisa sobre la identidad y sus confusiones; el tema del amor romántico, con sus dificultades y autoengaños; así como el tema de la razón alienada incapaz de abordar la realidad: Scottie termina la película literalmente asomado al borde del abismo.

Ante todo, Scottie es un *voyeur*, alguien que mira. Se encuentra subyugado por el objeto de su atención, una mujer adinerada y hermosa poseída en apariencia por el espíritu de una antepasada. Pero lo que ve, aunque no lo sepa, es un artificio *creado para él* por la misma persona que lo ha inducido a mirar a su mujer. Es como si lo hubieran metido en un teatro sin que él se diera cuenta y se desenvolviera por un escenario invisible cuyas dimensiones coinciden con las de la ciudad de San Francisco. Nos damos así de bruces con un tema poco explorado en la obra de Hitchcock o que Hitchcock no había abordado antes de manera tan decidida: la fuerza destructiva de las ficciones que tomamos por realidades. De esas ficciones se hablaba ya en *La ventana indiscreta*, con la peculiaridad de que la historia fantástica del crimen vecinal deducido por la pareja protagonista a partir de sus observaciones desde el otro lado del patio resulta ser cierta; en *Con la muerte en los talones*, donde la ficción tejida alrededor de George Kaplan, nombre falso para un espía imaginario que sirve de señuelo al Gobierno, sacude la vida del ejecutivo de la publicidad Roger Thornhill debido a una simple casualidad; en *Psicosis*, donde un hijo cree ser su difunta madre y se dedica a matar en su nombre. Y no es descabellado afirmar que las obras de Hitchcock que abordan el tema del falso culpable están hablando de una identidad ficticia que se proyecta sobre un inocente... En *Vertigo*, empero, la ficción es de dos tipos: una de carácter *escénico* que ha creado Gavin Elster para utilizar a Scottie, y otra de carácter *metafísico* que se refiere a los espejismos del amor romántico. Ambas condicionan la conducta del detective, motivando su acción y arrastrándolo a la perdición. Volveremos sobre esto.

*Vertigo* también se caracteriza por la ausencia del humor que tan habitual es en las películas del director; la ironía, como rasgo de estilo, sí que está presente. ¿O no? Todo depende de la manera en que definamos esta última; ausentes los dobles sentidos lúdicos de trabajos como *Pero... ¿quién mató a Harry?*, *Atrapa a un ladrón* o *La trama*, la ironía en *Vertigo* tiene que ver con la propiedad —así la define Richard Gilmore— de ofrecer al mismo tiempo un relato accesible y determinado junto a otro solo relativamente accesible e indeterminado. Por ironía habría que entender entonces la renuncia a la literalidad; la apuesta por presentarnos una realidad compleja, intrincada, sujeta a distintas interpretaciones. Adhiriéndose a esta idea, Richard Allen ha hablado de una «ironía romántica» que, contraponiendo lo *real* y lo *ideal*, conoce distintas versiones; la que más nos interesa aquí es la «inversión irónica» que presenta un ideal romántico contaminado por la perversidad humana. Es lo que sucede en *Vertigo*, que carece de las oscuras tonalidades cómicas de *Psicosis* o *Frenesí* y que se cierra con un desenlace trágico que deja poco margen para la esperanza.

A decir verdad, hay un momento en la película en el que aparece el humor; lo hace de modo lacerante y con la voluntad de poner de manifiesto el brutal contraste entre la visión subjetiva de Scottie y los sucesos que ha protagonizado. Me refiero a la escena en la que el *coroner* —en los países anglosajones se llama así al funcionario que tiene la facultad de investigar una muerte ocurrida en su jurisdicción— expone sus conclusiones acerca de la muerte de Madeleine en presencia del acusado y del jurado encargado de decidir sobre su culpabilidad o inocencia. Interpretado por Henry Jones de manera flemática e incisiva, el *coroner* expone de modo objetivo lo sucedido con Elster, Madeleine y Scottie; su perfecta dicción presta fuerza a una relación de los hechos no exenta de sarcasmo, cuya redacción atribuyen

distintos comentaristas al propio Hitchcock y en la que no se ahorran críticas al expolicía por su fracaso a la hora de proteger la vida de la mujer cuya vigilancia se le había encomendado. Desde el punto de vista de un testigo neutral, todo lo que dice es cierto; su exposición traduce al registro racional aquello que Scottie ha vivido de manera apasionada en primera persona; el *coroner* somete las percepciones subjetivas del detective a un ejercicio de ridiculización que confirma su incompetencia. Pero ¿cómo puede un funcionario hacerse cargo de la tremenda experiencia de Scottie o comprender el influjo que el pasado ejercía sobre la Madeleine —ficticia— que él conoció?

Para el espectador, apegado hasta ese momento al punto de vista de Scottie, el relato judicial de los hechos marca asimismo un contraste con lo que ha visto o creído ver en pantalla. Y le da que pensar: el profesional de la vigilancia terminó enamorándose de la mujer a la que debía proteger. Sin saberlo, el arrogante *coroner* roza la verdad del asunto cuando lamenta la «desafortunada elección» del capitán Ferguson por parte de Gavin Elster, evocando el accidente en el tejado con que se abre el film. El funcionario se apoya en el testimonio de quien fuera exjefe de Scottie en «esa gran ciudad situada al norte», como matiza con sorna, y dice asumir que los dos fatales episodios de acrofobia son una simple coincidencia, insinuando con ello que no cree en absoluto que lo fueran. Allí donde el *coroner* detecta una negligencia de Scottie, naturalmente, lo que hay es una maquinación de Elster: maniobras orquestadas en la oscuridad de la perfidia. Así que Scottie no es uno más de los falsos culpables de Hitchcock, sino más bien un *falso inocente* que contribuye sin querer a su propia desgracia.

En la filmografía del director, *Vertigo* es asimismo inusual por su ritmo pausado, circunstancia que ya advirtiesen Truffaut o Deleuze, así como por carecer de un MacGuffin fácilmente identificable. Recordemos que el MacGuffin es el pretexto argumental que pone la trama en acción: los secretos que guarda Mr. Memory en *39 escalones*, el uranio atesorado por los nazis de *Encadenados*, el microfilm de *Con la muerte en los talones*. Thomas Hemmeter atribuye al MacGuffin cualidades irónicas, ya que produce la fantasía de que los personajes están empeñados en algún tipo de acción relevante. ¿Hay alguno en *Vertigo*? El guionista Samuel Taylor sostuvo que el MacGuffin es Elster; sin su absurdo plan, la trama no se pondría en marcha. Pero Elster no *solo* es un MacGuffin; a diferencia del carácter incidental que tienen los secretos de otras tramas hitchcockianas, Elster domina la primera parte del film con el *masterplan* que Judy Barton ejecuta —casi— a la perfección. En otras palabras, la Madeleine creada por Elster no es un objeto externo perseguido por Scottie, ni un azar con el que topa de manera desafortunada, sino una invención deliberada que produce efectos transformadores sobre su persona. Hitchcock no recurre esta vez a un elemento azaroso que cambia la vida de sus personajes, como hizo en tantas ocasiones, sino que convierte a Scottie en la víctima de una conspiración.

Se diría que *Falso culpable* es la película que más se parece a *Vertigo* en la obra del realizador. Es otro film pesimista, cuyo aparente *happy ending* apenas logra disimular la magnitud del daño infligido al músico de jazz Manny Balestrero tras su encarcelación por un crimen que no ha cometido. La diferencia con *Vertigo* es que la incriminación de Balestrero es fruto de un desafortunado azar y de la incompetencia de las fuerzas policiales. Esa impersonalidad facilita una lectura «cristiana» de la cinta, pues el músico al que encarna Henry Fonda sufre un auténtico calvario cuya representación visual abunda en la simbología del martirio. Ya se ha señalado que la hipótesis del Hitchcock cristiano fue defendida por Rohmer y Chabrol en su pionero estudio, publicado justo antes del estreno de *Vertigo*; en un texto que vio la luz cuatro años más tarde, Cabrera Infante la apoyaba aludiendo a ilustres católicos como Graham Greene o Chesterton. Educado por los jesuitas, Hitchcock no era indiferente al problema religioso y lo abordó de manera explícita en *Yo confieso*.

Y sin duda podemos ver en sus falsos culpables la figura del pecado original; «algo habré hecho», deben de pensar quienes se ven en una situación parecida. Walker apunta que el debilitamiento del Código Hays, que obligaba a mostrar el castigo de los delincuentes, hizo que la función redentora del sufrimiento perdiera fuerza en el cine de Hitchcock. En *Con la muerte en los talones*, la frivolidad del disoluto Roger Thornhill *causa* un castigo que se traduce en penalidades sin fin y que desemboca en su mayoría de edad; el desenlace de *Vertigo*, en cambio, es desolador. Si la muerte de Judy puede interpretarse como un castigo por su participación en la muerte de la auténtica Madeleine, el destino de Scottie no luce mucho mejor. Y en ninguna de las realizaciones posteriores de Hitchcock se produce redención alguna: Marion Crane es asesinada tras robar el dinero de su empresa y la confesión de Juanita en *Topaz* provoca su muerte. En suma, *Vertigo* no se ocupa de problemas católicos ni abunda en motivos cristianos, a pesar del papel clave que desempeñan en ella la misión y su campanario; a las cámaras que contienen sus secretos se accede con llaves distintas.

## CLÁSICOS MODERNOS

A la pregunta de si *Vertigo* es una obra clásica o moderna, siendo de cualquier manera un *clásico* en el sentido popular del término, no se puede responder con prisas. La película parece inscribirse en el clasicismo cinematográfico, quedando reservada la condición de «modernas» para las propuestas más rupturistas de su director. Son candidatas evidentes a ese título *Psicosis* o *Los pájaros*; incluso ese peculiar experimento que fue *La soga*, realizada diez años antes, parece revestirse de una mayor modernidad. Téngase en cuenta que Hitchcock siempre hizo un cine inteligible para el gran público; aunque la densidad semántica de sus trabajos quizá no estuviese al alcance del espectador medio, nadie podía salir de la sala quejándose de que se le hubiera contado una historia incomprensible. De *Vertigo* puede decirse que incluye extravagancias formales y dramáticas, tales como una larguísima secuencia sin diálogo o la muerte repentina de la heroína a mitad de metraje. Y no siendo en principio un film «soñado», está lejos del naturalismo; viajamos en todo momento de la mano de un héroe perturbado. Pero es obvio que cualquier espectador la comprende sin dificultad; otra cosa es que guste a todos los que la ven.

Interrogarse por la modernidad de Hitchcock es hacerlo por la relación que nuestro autor mantuvo con el modelo narrativo del Hollywood clásico. Este último suele datarse entre 1916 y 1960; va de la síntesis narrativa de Griffith a la aparición de los nuevos cines, que cobran forma en Europa antes de tener su reflejo en la producción estadounidense con el desmantelamiento del sistema de estudios. *Vertigo* se estrena en 1958, en un momento que todavía es de transición a pesar del brillo rompedor de la primera *nouvelle vague*. Téngase en cuenta que aún no se habían estrenado *Al final de la escapada*, *Hiroshima, mon amour* y *El signo de Leo* (todas de 1959), cuando Rossellini había hecho *Te querré siempre* (en 1954) y Orson Welles, *Otelo* (en 1952); algo estaba en marcha. También pasaba en Estados Unidos, donde Arthur Penn estrena la fallida *El zurdo* en 1958 y Welles completa *Sed de mal* en 1959; en Japón, donde Josef von Sternberg filma la prodigiosa *Anatahan* en 1953 y el nativo Oshima debuta en 1959 en el marco de una *nūberu bāgu* o «nueva ola» que florece en el interior de la industria nacional. Pero ¿acaso no son modernas a su manera *Rio Bravo* o *The Band Wagon*? ¿Y qué decir de *Red Garters*, parodia musical del *western* firmada por George Marshall en 1954 que hace un uso teatral y casi abstracto de los decorados? Todo depende de lo que entendamos, respectivamente, por cine clásico y cine moderno.

Este debate suele girar en torno a las características del modelo clásico de narración hollywoodense; aquel que, una vez consolidado el sistema de estudios, se extendió al resto del mundo en las décadas de los treinta y cuarenta. Partiendo de las reflexiones de David Bordwell, el teórico español José Luis Castro de Paz se ha referido a la práctica fílmica del Hollywood clásico como aquella en la que se procede a ocultar el «trabajo de enunciación» del autor, lo que redunda en la invisibilidad del estilo; el espectador ha de seguir el progreso de la narración sin darse cuenta de que hay alguien contándole algo. De manera análoga, Noël Burch habla de un «modo de representación institucional» que tiene como objetivo una recepción «natural» por parte del espectador —continuidad lineal, transparencia— y que habría sido interiorizada por los cineastas sin necesidad de ser aleccionados al respecto. Eduardo Russo señala que

> la estabilización clásica del lenguaje cinematográfico parecería relacionarse con un estilo fundado en el equilibrio y la inclusión del espectador en un régimen de cierta habitabilidad en el espacio de la ficción, el cultivo de su funcionalidad al servicio de la narración y la tendencia a una lógica de transparencia en las formas de organizar el tiempo, el espacio y la acción.

A ese fin se orienta el trabajo de *montaje* del film clásico, que designa la selección, organización y composición de todos sus elementos; su centro es el espectador, que llegará a creerse «autor» de la película gracias a unas reglas formales que Bordwell ha identificado con precisión. Se trata de que la cámara guarde una distancia correcta, que su eje no se desplace, que al plano siga un contraplano, que los ángulos de la cámara sean estables, que el narrador siga a los personajes en lugar de moverse a su aire, que se respete el *raccord* o continuidad entre planos. Será el espectador quien unifique los distintos fragmentos para dar sentido al film, siempre que no se le ofrezca un rompecabezas de imposible solución. ¡Para eso no se va al cine! O sí; andando las décadas, los relatos intrincados llegarían a ser un género en sí mismo que comprende éxitos comerciales (*Sospechosos habituales*, *Matrix*) y sofisticados ejercicios narrativos

(como los de David Mamet o Christopher Nolan). El público, en suma, va asimilando paulatinamente las novedades formales y estas se incorporan al repertorio del cine de vocación popular. Hitchcock mismo ligó desde muy pronto la cualidad evolutiva de las formas cinematográficas al aprendizaje por parte del público, cuya tolerancia a la novedad consideraba decisiva para que los estudios se arriesgaran a dar licencia creativa a los realizadores; en un artículo publicado en *Sight & Sound* en 1937 expresa su deseo de disfrutar con el tiempo de más libertad creativa «si el público me la concede».

Las posibilidades que ofrece el montaje son infinitas. Sin salir del cine de Hitchcock, compárese el largo plano-secuencia de la cena de *Atormentada*, donde la cámara sigue sin corte alguno a los comensales durante varios minutos, con esa apoteosis del *staccato* que es el asesinato en la ducha de *Psicosis*. Claro que por montaje no hemos de entender *solamente* la decisión acerca de la secuencia que hayan de seguir los distintos planos, separados por cortes, que el espectador «naturaliza» como un elemento más de la narración. No: montaje es también la organización *general* de los elementos del film, que, como señalaba V. F. Perkins, derivan su significado de la relación que mantienen entre ellos. Así que el montaje en sentido estricto —ensamblaje de los planos— no puede evaluarse al margen del movimiento de los actores o de la cámara, de las variaciones lumínicas, el diseño de producción o el empleo de la música que «salta» entre planos o secuencias.

Existe incluso un sentido más abarcador del término, que es el utilizado por Jean-Luc Godard cuando se refiere a la potencia desperdiciada del cine. Tiene dicho el francosuizo que «el cine es *montage*» y que el único director que consiguió el *montage* es, precisamente, Alfred Hitchcock; aunque en sus *Histoire(s) du cinéma* incluya a Orson Welles y Nicholas Ray en ese cuerpo de élite. La noción es imprecisa; Godard sugiere en una entrevista que la llegada del sonido neutralizó el poder del montaje como técnica que permite a los espectadores *ver* por sí mismos, mediante el establecimiento de relaciones no tanto entre *planos* como entre *imágenes*. Richard Gilmore se alinea con esta tesis: Hitchcock haría cine siguiendo el modelo de montaje propuesto por Eisenstein. Y Godard, aclara Michael Witt a su vez, está pensando en la relación del cine con la sociedad o la historia; en su utilidad como herramienta para la emancipación perceptiva de un espectador abierto a nuevas revelaciones acerca de la realidad. Esta motivación política está ausente en Hitchcock, pese a que su cine posee indudables cualidades revelatorias. En sus películas, el foco se sitúa en los sujetos y las relaciones que se entablan entre ellos; no se trata de impugnar el contexto social o histórico, por más que el británico no rehúya la glosa ni el comentario sobre ellos.

¿Qué relación mantuvo Hitchcock con el modelo clásico de representación? Para Bordwell, Hitchcock ilustra las posibilidades «autorales» de la narración clásica sin salirse de los límites por ella fijados, el más importante de los cuales quizá sea el mantenimiento de la causalidad narrativa: que A lleve a B y B lleve a C. Ahora bien, sería un error pensar que el Hollywood clásico imponía un rígido patrón narrativo y visual; por el contrario, los directores poseían un cierto margen para afirmar su autoría y subvertir el modelo sin llegar a romperlo. Tal como ha apuntado Valeria Camporesi, lo que contaba en el sistema de estudios era que una producción generase más dinero que el que costaba; una vez cumplida esa condición, existía cierto margen de maniobra, y la propia competencia entre los estudios alentaba la búsqueda de innovaciones capaces de atraer al público. Hitchcock empleó todas las oportunidades a su alcance para proporcionar autorreflexividad a sus películas, dejando en todas ellas una impronta personal. Bordwell identifica en su cine dos patrones narrativos que *tensan* el modelo clásico: uno es la restricción prolongada del narrador al punto de vista exclusivo de un

personaje (pensemos en *Vertigo*, donde casi nunca dejamos a Scottie); otro es el empleo de intrusiones narrativas que «comentan» la acción por medio de efectos de
sonido, el uso psicológico del color, las angulaciones
de la cámara o insertos metafóricos tales como los val-
ses de *La sombra de una duda* (un poco al modo de las
gallinas que usa Fritz Lang en *Furia*, hermanados como
están ambos cineastas por su aprendizaje durante los
años del mudo) o el formidable plano de las puertas que
se abren sucesivamente cuando la terapeuta de *Recuerda*
es besada por el hombre hacia el que se siente atraída.

En cambio, Castro de Paz ve a Hitchcock del lado de
quienes *desnaturalizan* el montaje clásico. Al pervertirlo
de manera tan exagerada, sostiene, autores como él
abren el camino a ese cine moderno que florecerá en la
década de los sesenta. A su entender, Bordwell estaría
sobrevalorando la rigidez del modelo hollywoodense,
que sufrió transformaciones de enjundia al albur de los
acontecimientos históricos, el cambio tecnológico y la
influencia de los destacados profesionales extranjeros
—directores, guionistas, músicos, diseñadores de producción, fotógrafos— que desembarcan en California
en los años treinta y cuarenta. Durante esta última década, sostiene Castro, los transgresores aprovechan la posibilidad de expresar su autoría en el interior del sistema
y la transparencia clásica se va opacando de manera gradual. Pero el mismo Bordwell ha dedicado todo un libro
a defender la naturaleza innovadora del cine de los años
cuarenta, fértil en soluciones narrativas que, tomadas en
su conjunto, sirven para renovar el lenguaje cinemato-

gráfico y «reinventar Hollywood». Se deduce de aquí que la modernidad de los clásicos es una cuestión de grado; mientras no se vulneren normas como la causalidad narrativa, la estabilidad del eje o el *raccord*, seguiremos en un territorio «premoderno». Pero existe una tercera posibilidad: que reconozcamos como «moderno» a un cine que logra serlo —ser moderno— tomando un camino distinto al que suele reconocerse como tal. Y ahí es donde Hitchcock tiene un papel insoslayable.

Ha señalado Bordwell con acierto que la narración clásica no es *invisible* en todas las películas, ni lo es de manera uniforme dentro de cada una de ellas. Y añade: «Antes de que haya autores, hay restricciones; antes de que haya desviaciones, hay normas». O bien: no hay desviaciones sin normas de las que desviarse. Y un modelo solo habrá sido reemplazado por otro cuando sus normas hayan dejado de estar vigentes. De aceptarse esta premisa, ¿no puede concebirse *todo* el cine moderno como un comentario sofisticado al modelo clásico, al que no llega jamás a sustituir, conformándose más bien con someterlo a variaciones y tensiones de distinto tipo? Hay quienes prolongan el plano, como Tarkovski o Tarr; otros juegan con el *raccord* anticipando momentos posteriores de la narración, como Dennis Hopper; los hay que proponen estructuras cronológicas desordenadas, como Resnais u Oshima, y los que plantean la pregunta acerca de la identidad del narrador, algo que en algún momento hacen Rivette o Akerman. Ha escrito al respecto Pere Gimferrer que películas como *Persona* o *El reportero* —emblemáticas ambas del cine moderno de autor— no recurren a procedimientos que rompan con la tradición inaugurada por Griffith. Y ciertamente no está claro que en ninguno de estos casos se *rompa* con la narración clásica, por más que se la *complique*; la ruptura propiamente dicha habría de predicarse más bien del cine experimental o vanguardista que queda al margen de los circuitos comerciales.

Siguiendo a José Enrique Monterde, no cabe duda de que el cine moderno ha coexistido con el cine clásico y en modo alguno ha llegado a constituirse como un paradigma nuevo capaz de reemplazarlo. De la historia del cine en general puede así decirse lo mismo que dice Bordwell del Hollywood de los años cuarenta: «Las formas eran generadas, repetidas, descartadas, retorcidas, parodiadas, machacadas, vueltas del revés. Había ideas atractivas que parecían viejas de repente e ideas moribundas que volvían a la vida». Se antoja por ello exagerado que González Requena —al que cita Castro de Paz para reforzar su argumento— haya escrito que la escritura clásica *se vuelve imposible* en *Vertigo*. De acuerdo con esta tesis, sería en sus películas de los años cincuenta donde se pone de manifiesto de manera más aguda la perversión del modelo clásico en el cine de Hitchcock, sin que podamos identificar un momento preciso en el que rompa con él de manera tajante. Castro de Paz señala que Hitchcock había sido aceptado en Hollywood a condición de abandonar las técnicas expresionistas que había aprendido en la UFA durante su estancia en Berlín en otoño de 1924; solo podía hacer cine en el sistema de estudios si aceptaba el modo de representación institucionalizado. Pero el expresionismo tiene ya poca presencia en las magníficas obras que Hitchcock rueda para la productora Gaumont en Inglaterra —de *39 escalones* a *Alarma en el expreso*— y, aunque su relación con David O. Selznick está llena de tiranteces, el inglés se permitirá algunos alardes con las luces y las sombras durante sus primeros años en California. Ahí están los créditos de *Sabotaje* y, en ese mismo film, la compleja escena que transcurre en un cine neoyorquino en el que se dispara una pistola por partida doble: en la película proyectada y en la sala donde se asiste a la proyección, porque allí se ha refugiado el espía nazi que luego morirá cayendo al vacío desde lo alto de la Estatua de la Libertad.

No obstante, el Hitchcock hollywoodense ahonda en el empleo hipertrofiado del punto de vista, centrándose de tal manera en la mirada del personaje que esta última se problematiza y llega a convertirse en objeto de reflexión. Incluso llega a hacerlo de manera explícita: el homicida de *La ventana indiscreta* pregunta al vecino que lo ha descubierto por las razones que lo llevan a entrometerse en su existencia. Recurriendo a un vocabulario especializado, Castro de Paz sugiere que el punto de vista en Hitchcock es empleado de manera tan intensa que «salta de la cadena sintagmática», rompe la linealidad del relato y vulnera «la transitividad de la mirada». O sea: el uso sistemático del punto de vista llama la atención del espectador sobre el empleo sistemático del punto de vista. ¡El director se hace notar! La conclusión de

Castro es que aquí entra en crisis el clasicismo cinematográfico, al contradecirse «la invisibilidad *funcional* postulada por la mirada clásica», que mantenía oculto al narrador y facilitaba la entrada del espectador en «un sólido universo diegético» que de esta manera, en cambio, delata su artificialidad. Digamos que el realizador deja de ser invisible, desbaratando cualquier apariencia de naturalidad; como si alertase al espectador de que tiene delante un escenario y no un pedazo de realidad.

¿En qué quedamos? ¿Hitchcock y *Vertigo* son clásicos o modernos? No hace falta subrayar que el éxito popular de las películas de Hitchcock indica que este último lleva a cabo una *voladura controlada* del modelo clásico. Estamos ante una subversión parcial de la que muchos espectadores ni siquiera se darán cuenta; ni ahora ni entonces. Sucede con *Vertigo* igual que con la mayoría de los títulos de su autor: admiten diferentes tipos de recepción según cuál sea el *oído* de quien se asome a ellas. Hay una trama, por lo general organizada alrededor del suspense, que puede disfrutarse de manera inocente sin entrar en mayores honduras estéticas o conceptuales; asistimos a la peripecia de personajes enfrentados a situaciones difíciles que logran resolver en mayor o menor medida. En el caso del cine de Hitchcock, sin embargo, el diseño narrativo del film incorpora elementos que someten a tensión el modelo clásico sin neutralizar su eficacia.

Digamos entonces que Hitchcock respeta la transparencia del clasicismo hollywoodense, porque los instrumentos formales a través de los cuales el narrador *se deja ver* en sus obras no producen un artificio susceptible de arruinar la credulidad del público. *Vertigo* es así una obra inteligible para cualquier espectador, repare o no en las honduras sobre las que teoriza el académico. La película sigue asentada en la vigencia de las normas clásicas; es solo que las desviaciones son más intensas o audaces que antes. Hitchcock: lo que no es tradición, es genio.

## CONVENCIONES Y DESVIACIONES

Aunque la trama de *Vertigo* puede ser comprendida fácilmente por cualquier espectador, nadie dejará de sorprenderse ante la desaparición de Madeleine a mitad del relato; una pirueta dramática que Hitchcock radicalizará cuando haga desaparecer a Marion Crane antes de que se cumpla la primera media hora de *Psicosis*. Si el espectador ha desarrollado algún tipo de interés por Madeleine, su expectativa se ve bruscamente frustrada; la dama de la alta sociedad de la que Scottie se ha enamorado cae al vacío poco después de que se consume su unión amorosa. Dicho de otra manera: mientras que la trayectoria romántica de los amantes ha transcurrido hasta ese momento como mandan los cánones, el violento suicidio de Madeleine —pues eso parece ser— rompe con ellos de manera abrupta.

Dos años después, Michelangelo Antonioni repetirá la jugada en *La aventura*, haciendo que una de las protagonistas aparentes de la cinta desaparezca en plena excursión burguesa a una isla siciliana; su insolencia consistirá en hacer que esa desaparición sea definitiva y no encuentre explicación alguna. Y no es casualidad que una de las fuentes dramáticas de *Vertigo* sea el cine negro, entre cuyas variantes genéricas se cuenta la *detective story*. Recordemos que Harry Lime, figura central de *El tercer hombre*, hace el recorrido inverso: sale de su tumba cuando nadie lo esperaba tras haberse consumido dos terceras partes del metraje. Ya se ha mencionado que en *Phantom Lady*, al igual que en otras cintas *noir* de los años cuarenta, una mujer desaparece bruscamente y con ello convierte al hombre a quien acompañaba en sospechoso de asesinato. Pasa lo contrario en *Laura*, en la que el inspector al que interpreta Dana Andrews se enamora de la mujer desaparecida a través de su retrato justo antes de que esta última —Gene Tierney— reaparezca inopinadamente en carne y hueso. En ambos supuestos, con todo, la muerte de la mujer es una ficción verosímil que alguien ha elaborado de manera interesada.

Se diría entonces que la muerte de Madeleine pertenece —la expresión es de Castro de Paz— al «orden de representación manierista» que rompe con las convenciones narrativas dominantes, desafiando las expectativas del público. Hitchcock se toma su tiempo antes de hacer desaparecer a Madeleine, otorgando densidad simbólica al personaje; estamos tan acostumbrados a ella que su salida de escena resulta literalmente inconcebible. La modernidad de *Vertigo* consiste en la contundencia con la que se *interrumpe* el flujo narrativo previsto por el espectador. Quien hoy ve la película por primera vez, aún se siente sacudido por la sorpresa; imaginemos el desconcierto que hubo de experimentar el público en 1958. Puede que fuera demasiado: aquel Hitchcock que solía meterse a los espectadores en el bolsillo jugando perversamente con sus expectativas no logró que los estadounidenses acudiesen en masa a las salas donde se proyectaba *Vertigo*. Dos años después, *Psicosis* lo haría con creces.

Otra de las brusquedades narrativas del film se produce cuando la cámara permanece con Judy en la habitación de su hotel, una vez que Scottie se ha marchado con el compromiso de recogerla a la hora de cenar. Ya veremos que la escena estuvo en el aire hasta el último momento; su oportunidad dramática ha sido discutida por algunos críticos. Lo que ahora nos interesa es menos el acierto que la audacia; resulte o no convincente, se trata de una ruptura narrativa inesperada que proporciona de golpe un sentido totalmente distinto a lo que el espectador ha visto hasta ese instante. Mediante el *flashback* que nos informa del plan diseñado por Elster y ejecutado por Judy, comprendemos que se nos ha engañado con la misma facilidad que al propio Scottie; el detective en que nos convertimos al ver una película de misterio —estableciendo conexiones y haciendo inferencias a partir de lo que aparece en pantalla— ha fracasado en esta ocasión.

Por algo ha subrayado Russo la importancia que tiene en el cine aquello que no se muestra y, sin embargo, puede deducirse a partir de lo que aparece en pantalla. Así, cuando la esposa obsesionada con un espectro del pasado que exhibe tendencias suicidas resulta ser una ficción malintencionada, nos vemos obligados a revisar las asunciones que habíamos dado por buenas hasta ese momento: ¿qué ha pasado fuera de campo? En el curso del *flashback*, Hitchcock pone imágenes a algunos de los sucesos que se han desarrollado en *off* para facilitar al espectador la comprensión de lo que se le está diciendo. Deborah Linderman ha lamentado que esta rememoración mantenga, visualmente hablando, la perspectiva de Scottie; a su juicio, este recuerdo codificado con arreglo a la perspectiva masculina está «cancelando» la subjetividad de Judy. Pero no es el caso: lo que hace Hitchcock es *repetir* la escena que ya hemos visto, solo que introduciendo en ella una *diferencia* que cambia decisivamente su significado, evitando así que los espectadores menos avisados puedan sentirse confundidos. Al fin y al cabo, el cine es un arte de masas.

Tengamos en cuenta, por otro lado, que Scottie venía sirviendo como referencia del espectador en el interior del relato. Solo se abandona su punto vista en los raros momentos que incorporan el de su amiga Midge: cuando esta llega al exterior de la casa de Scottie según Madeleine la abandona en la noche del falso intento de suicidio, y cuando habla con el médico en el sanatorio donde su amigo pasa las horas en estado catatónico. Durante el resto del tiempo, estamos con él. Pero dejamos de estarlo cuando Judy vuelve angustiada su mirada hacia la cámara, descubriendo su terrible secreto: fue cómplice del asesinato de la verdadera Madeleine y engañó a un hombre con la intención de encubrir el crimen. La confesión es una suerte de excurso, ya que enseguida regresamos a la perspectiva de Scottie; solo que ahora esta última se ve enriquecida y complicada por nuestro conocimiento de Judy. A partir de ese momento, ya no miramos igual. De acuerdo con el modelo de suspense típico de su realizador, sabemos lo que ignora Scottie y tememos —deseándolo— que llegue a descubrirlo. Aun ciñéndose la narración en lo sucesivo al punto de vista del detective, somos capaces de incorporar las expectativas de Judy y de sentirnos concernidos por su destino. Solo habrá otro momento en el que la cámara registre la mirada de Judy: cuando ella se percata de las intenciones de Scottie, que la lleva de vuelta al campanario tras haber descubierto en su cuello el broche de Carlota, vemos su expresión de angustia seguida de un plano subjetivo de los árboles que flanquean la carretera vistos —como si el coche fuera descapotable— desde abajo. Esos árboles son su angustia: Judy va camino de su destino. Se repite así el plano que, en la primera mitad de la película, se situaba por un momento en la posición de la Madeleine a la que Judy interpretaba: Scottie ignoraba que a su lado estaba una actriz resignada a llevar su papel hasta el final.

Hitchcock juega asimismo con las convenciones narrativas en la secuencia que transcurre en Ernie's, el elegante restaurante de San Francisco donde Elster coloca el cebo que Scottie pica sin remedio. El marido, al pedirle que vea a Madeleine antes de descartar cualquier implicación en el caso, ha vencido los débiles

reparos de su excompañero de colegio. Allí da comienzo la ficción que envolverá irremediablemente al *bachelor* de mediana edad cuya vulnerabilidad no ha escapado al pérfido Elster. Recordemos: tal como dicta la tradición norteamericana cuando se va solo a cenar, Scottie aguarda sentado en la barra a que aparezca Madeleine. Y Madeleine, bella y majestuosa, aparece. Toda la secuencia se nos presenta bajo la marca de un fuerte subjetivismo: colores intensos, efectos lumínicos que resaltan el rostro de Madeleine y oscurecen el resto de la sala cuando se detiene junto a Scottie, desaparición del sonido ambiente en beneficio de la romántica melodía del tema principal. No es que veamos lo que *ve* Scottie, sino que vemos lo que Scottie *siente* en ese momento; ahí nace una pasión amorosa que acabará por conducirlo al abismo. Madeleine es enfocada de perfil, un ángulo inusual para el primer plano cinematográfico (así la veremos también cuando se detenga junto a Scottie, de acuerdo con una coreografía rigurosamente ensayada, en el cementerio de la misión Dolores); la vemos ofrecerse a Scottie de manera sutil y a este mirarla de soslayo antes de darse la vuelta. A continuación, Elster la coge del brazo y la conduce a la puerta que los llevará al exterior; Scottie tiene aún tiempo de verla reflejada en el espejo de pared situado a la entrada del salón, entre paredes acolchadas de un bermellón intenso que prefiguran las visiones alucinadas de David Lynch.

¡Apoteosis perspectivista! Con la particularidad de que la composición de la secuencia *incorpora* las emociones de Scottie; el significado que la escena tiene para él es formulado visualmente. Hitchcock nos ha puesto sobre aviso antes incluso de entrar en el restaurante, mediante el gradual acercamiento de la cámara —bajo el hechizo de la música de Herrmann— a la distinguida puerta de Ernie's. En su análisis de la secuencia, Castro de Paz llama la atención sobre un as-

pecto de este lento trávelin que corre el riesgo de pasar desapercibido:

> A la izquierda, en la placa dorada con la denominación «Ernie's», reflejos de gente que no aparecen en el encuadre se suceden: extraña integración del fuera de campo, casi espectral. Ningún personaje diegético al que poder asignar ese movimiento de la cámara; es, claramente, una marca enunciativa.

Si nos fijamos bien en esos segundos de metraje, veremos que primero pasa un viandante ataviado con un traje oscuro que cruza la pantalla; enseguida, mientras la cámara sigue aproximándose a la puerta del local, en la placa ovalada que indica el nombre del restaurante se dibuja la imagen de otro transeúnte; solo le vemos la cabeza y una parte de los hombros, antes de que su figura se refleje apenas un instante en la vidriera de la puerta. Por medio de un encadenado, pasamos al interior y vemos a Scottie sentado en la barra, mirando en la dirección del comedor. Si Scottie está ya dentro, podemos deducir que no es él quien se dirigía al restaurante, lo que convertiría el plano de acercamiento en la *marca* que sugiere Castro de Paz; nuestro hombre, además, lleva un traje azul oscuro que no es el de quienes han pasado por delante de la puerta.

Pero esta parte de la secuencia, caracterizada por su atmósfera onírica, admite una lectura menos literal: quien se acerca al restaurante *podría* ser Scottie, aunque Scottie ya parezca estar en el interior. De hecho, el viandante que aparece reflejado en la placa dorada guarda una cierta semejanza con él; lleva un sombrero marrón y un traje gris, como los que llevará el detective cuando siga a Madeleine el día en que esta se arroje a los pies del Golden Gate Bridge. Hitchcock estaría subrayando, por medio de detalles apenas perceptibles, que la escena tiene un solo dueño, Scottie. La ironía consiste en que Elster la dirige en la sombra; lo que Scottie vive es una ensoñación creada por otro. Hasta el momento en que se produce la ruptura narrativa protagonizada por Judy, seguimos los pasos del soñador sin saber —tampoco lo sabe él mismo— que está soñando una ficción.

A lo que íbamos: si bien estas interferencias narrativas modernizan el modelo clásico sin destruirlo, refinándolo desde dentro y haciendo más compleja la narración, lo mantienen no obstante en un nivel de transparencia apropiado para el gran público. ¡Hitchcock trabaja a la vez *con* las convenciones y *contra* las convenciones! Jean-Pierre Esquenazi ha escrito que el conocimiento de los resortes narrativos tradicionales permitió al realizador británico explorar sus posibilidades con tal habilidad que acabó situando las fórmulas de Hollywood en una nueva dimensión. Pero no es que el «secreto» de Hollywood salga con ello a la luz, como defiende Esquenazi, sino que se actualiza mediante la incorporación de nuevos matices y variaciones. No puede ser de otro modo: una industria tan dinámica no podría asentarse sobre un modelo narrativo que jamás cambiase.

## HITCHCOCK DENTRO DE HITCHCOCK

También es moderno el cine de Hitchcock gracias a sus célebres cameos, esto es, las apariciones que el director hace en el interior de sus propias narraciones. ¿Quién no ha dado alguna vez un brinco en el asiento al reconocer su figura en tal o cual escena? En la conversación que mantiene con Truffaut, el realizador ofrece una explicación convincente y seguramente falsa acerca del sentido que poseen esas peculiares incursiones. Primero, todavía en Inglaterra, Hitchcock hacía de extra debido a la escasez de personal; luego, el cameo se convirtió en un juego que le divertía; por último, se vio obligado a salir en algún momento a escena para no defraudar las expectativas del público. Tenía que hacerlo pronto y de manera inequívoca; si todavía en *Encadenados* hay que esperar a los 61 minutos de metraje para verlo coger una copa de champán en la fiesta que el nazi Alex Sebastian da en honor de su esposa, en *Vertigo* no se demorará más allá de los diez minutos. ¿Y bajo qué aspecto se nos muestra? Justo después de que Scottie se desplome entre los brazos de Midge al sufrir un ataque de vértigo, vemos un plano de la entrada a los astilleros donde trabaja Elster; portando una pequeña funda de instrumento musical, Hitchcock atraviesa la pantalla y se cruza brevemente con Scottie, que entra en el plano por el lado derecho para acceder al recinto.

Para el crítico Norman Holland, la aparición de Hitchcock en *Vertigo* marca un momento de transición clave en la película, ya que su figura simboliza la de un gaitero o flautista que guía a Scottie fuera del mundo realista. A partir de ese momento, Scottie habrá de vérselas con un misterio que se sale de los patrones del cine de género. De otro lado, Peter Pappas se pregunta por el significado que pueda tener la cercanía física del director a Scottie y Elster: ¿con quién se identifica, ¿con el personaje que sufre un complot o con aquel que lo diseña y lo pone en escena? No es una cuestión baladí, tratándose de una obra en la que las ficciones están al servicio del crimen. Simon Dixon propone otra lectura: la presencia diegética de Hitchcock puede ser un mecanismo irónico que nos recuerda que los asesinatos cinematográficos *no* son reales. Desde este punto de vista, Hitchcock no se alinea con nadie, ya que nadie hace en sus películas nada que él mismo no haya previsto.

En principio, hay que dar la razón a quienes sostienen que los cameos de Hitchcock tienen siempre lugar

en momentos decisivos de sus narraciones. Se ha mencionado su aparición en *Encadenados*, donde su ingesta de champán acelera la llegada del momento en que los camareros pedirán al dueño de la casa que baje a la bodega para traer más botellas, poniendo así en peligro la incursión de Devlin y Alicia en busca del uranio que constituye el MacGuffin de turno. Pero sería más correcto afirmar que los cameos dicen algo sobre la trama o sus integrantes, ya que no siempre se producen en momentos decisivos y raramente influyen sobre los acontecimientos. Por ejemplo, en *Con la muerte en los talones*, que sigue a *Vertigo* en la filmografía de su autor, Hitchcock aparece muy pronto —apenas han pasado dos minutos— en la guisa de un transeúnte al que un autobús le cierra la puerta en las narices, sarcástico comentario acerca de la imposibilidad de replicar la kilométrica peripecia de Roger Thornhill.

En la tipología de los cameos, el motivo del instrumento musical es recurrente: Hitchcock sale de un ascensor con una funda de violín en *Recuerda*, baja un chelo del tren en *Pánico en la escena* y sube a otro vagón un contrabajo en *Extraños en un tren*. Pura sorna: el director de la orquesta baja a tierra y posa como un mero ejecutante. ¿O expresa con ello Hitchcock una cierta modestia, recordándonos que cualquier película es una empresa colectiva y que sin sus actores no podría hacerlas? Vayamos más lejos: ¿qué significan exactamente los cameos en la obra de Hitchcock? Siendo recurrentes, nada tienen de anecdóticos. Pero no hay una respuesta terminante: las irrupciones de Hitchcock, sello de autoría que deja al descubierto la cualidad artificial del film, conservan un resto enigmático.

Abundan, claro, las hipótesis. Ronald Christ ha caracterizado los cameos como ejemplos de *parábasis*, rupturas del artificio narrativo, describiéndolos como una expresión del deseo de Hitchcock de integrarse personalmente en sus ficciones. El sello de autoría es asimismo una expresión de autoconciencia; la película sabe que es una película y se lo hace saber al espectador. De ahí que Castro de Paz haya usado los cameos para reforzar su tesis sobre la relación del cine de Hitchcock con el estándar narrativo hollywoodense: la presencia del realizador impediría la mirada clásica. ¿O acaso no es como si el responsable de la puesta en escena abandonase por un momento la silla desde la que dirige el rodaje y se entrometiera en la ficción, rompiendo con ello la ilusión de realidad en que se basa su recepción por parte del público? Tal vez eso sea ir demasiado lejos. Casey McKittrick sugiere que los cameos crean un espacio intermedio —que no es diegético ni extradiegético, sino «mesogético»— donde las apariciones de Hitchcock se integran en la ficción, marcándola como tal sin llegar a dinamitarla. Dicho de otro modo: el espectador no pasa de la credulidad a la incredulidad, sino que incorpora la figura de Hitchcock a la historia que el propio Hitchcock le está relatando. No sabemos de nadie que, tras una de sus apariciones, haya abandonado el cine diciendo que lo han estafado.

Que Hitchcock se encargase de construir una persona pública reconocible en Norteamérica es un aspecto de los cameos que no puede pasarse por alto. Sus intervenciones al abrirse y cerrarse los distintos episodios de *Alfred Hitchcock presenta*, comentando sarcásticamente el contenido de sus relatos y convirtiéndose él mismo en intérprete de breves gags humorísticos, hicieron de él una celebridad en los comienzos de la televisión. Su oronda figura, asociada a la conocida melodía del programa, se transformó en una marca comercial que se alimentaba del prestigio cinematográfico del «mago del suspense» y a su vez contribuía a reforzarlo. Familiarizado como estaba el público con el acento británico, la impasibilidad gestual y sus invariables trajes de chaqueta, la irrupción de Hitchcock en el interior de las ficciones podía tomarse como la broma cómplice de un amigo; sin desdoro, claro está, de los significados particulares que puedan asignarse a cada uno de los cameos.

Resumiendo: pese a que el cine de Hitchcock se encuentra ya situado fuera del tiempo, pues ha sabido crear su propia atemporalidad, el dilema de si *Vertigo* es el más moderno de los films clásicos o el más clásico de los films modernos no tiene solución. El británico se sirve de las estructuras del clasicismo para subvertirlas, sin someterlas a una demolición que iría en detrimento de su inteligibilidad. Así como Judy habla ocasionalmente a través de Madeleine, dejando que la trama real asome por un momento a la superficie de la trama ficticia creada por Elster, Hitchcock juega con las convenciones hollywoodenses, retorciéndolas de tal manera que sirven como vehículos para su moderna concepción del espacio fílmico. Y se sale con la suya.

## LA FORMA DEL FONDO

Pionero defensor de los méritos de Hitchcock en Estados Unidos, Andrew Sarris afirmó que el británico era el técnico supremo del cine norteamericano, alguien capaz de unir las tradiciones divergentes de Murnau (movimientos de cámara, juegos de sombras) y Eisenstein (montaje, planos de detalle). También son discernibles en su cine las influencias del modelo narrativo de Griffith y del cine documental británico. En cualquier caso, su personal estilo estaba ya definido en esa espléndida etapa inglesa cuyo éxito popular y crítico le valió un billete para Hollywood. De acuerdo con el mismo Sarris, la reputación artística de Hitchcock se vio perjudicada a partir de ese momento por la sencilla razón de que había proporcionado al público más placer de lo que se considera tolerable entre los cultivadores del cine serio. Va de suyo que la rentabilidad de sus películas permitió al londinense trabajar sin pausa en una industria que no perdona dos fracasos seguidos; a veces, ni siquiera uno. Pero los puristas de la época solo veían al *entertainer* y no le perdonaban su aparente ligereza; si levantasen la cabeza, la reputación intelectual de Hitch los dejaría perplejos.

Que el británico adoptase pronto un estilo reconocible no significa que su cine fuera siempre el mismo. Al contrario: compárese la apelmazada *Posada Jamaica* con la estilizada *Falso culpable*. Paula Marantz Cohen ha sugerido que este último film marca, junto con *Vertigo*, la transición de un estilo más novelesco de herencia victoriana a la estética más posmoderna de los años sesenta y setenta; así lo indicarían el creciente escepticismo hacia el sentido último de las cosas o la deliberada artificialidad de la puesta en escena. No obstante, las tempranas audacias del Hitchcock inglés obligan a cuestionar una separación tan nítida, sugiriendo, en cambio, que sus primeros años en Hollywood representan el periodo menos innovador de su carrera. Obras como *Inocencia y juventud* o *39 escalones* —con sus brillantes comienzos ligados a un crimen y escenas tan logradas como el famoso trávelin que conduce al rostro del asesino que toca en una orquesta al fondo de la sala— prueban que el realizador jamás dejó de experimentar con el lenguaje fílmico. No es que su primera década en Hollywood deba considerarse un tiempo perdido; tanto *La sombra de una duda* como *Encadenados* son obras magistrales que abundan en soluciones visuales brillantes y muestran un deseo de experimentación que culmina en *La soga*, donde la ausencia de cortes entre planos se combina con un pionero uso del color que volverá a tener vital importancia en *Vertigo*. Sólidas continuidades y brillantes innovaciones se alternan así en el cine de Hitchcock a lo largo de la friolera de seis décadas; se dice pronto.

Sea como fuere, separar forma y fondo en la obra del británico tiene poco sentido. El crítico Leo Braudy dirigió un temprano reproche a Truffaut, afeándole que en sus entrevistas con Hitchcock —al menos en su versión impresa— no explorase lo suficiente la profundidad psicológica de su obra; una admonición que sirve para recordar a quien todavía no lo sepa que Hitchcock tenía muchas cosas que decir. Pero lo primero que nos comunica es ciertamente su estilo. Así que hay que convenir con Richard Allen que la significación del cine de Hitchcock está indisolublemente ligada a la forma visual y al estilo narrativo; algo que ya se barruntaron Rohmer y Chabrol cuando escribieron que «es en la forma donde conviene buscar la profundidad, es ella la que está preñada de una metafísica latente». Reseñando el libro de sus compañeros, Truffaut lo dijo mejor que nadie: en el cine de Hitchcock la forma no *embellece* el contenido, sino que lo *crea* por sí mismo. El fondo está en la forma. Y viceversa.

Algunos comentaristas, como Susan Smith, han buscado la singularidad del cine de Hitchcock en el *tono* de sus films; no es mal camino, en la medida en que el tono elegido por un cineasta sirve para indicar al espectador *cómo* quiere que se vea su obra. Smith entiende que las tonalidades más relevantes en el cine del británico son el suspense y el humor, este último —ya se ha visto— ausente en *Vertigo*. A cambio, la película está llena de suspense. Pero no es del de tipo habitual en Hitchcock; solo tras la confesión de Judy tendrá el espectador más información que el protagonista. Durante el resto del metraje, el suspense se encuentra en el itinerario de un Scottie que trata en vano de desentrañar el misterio que Elster le ha puesto por delante. Huelga decir que nada de lo anterior podría funcionar en pantalla sin la calculada puesta en escena de Hitchcock, que es quien construye esa tensión mediante su conocido talento para hacer al espectador partícipe de la mirada de un personaje —en este caso Scottie— cuyas tribulaciones hacemos nuestras. André Bazin lo expresó inmejorablemente: «Cada uno de sus planos es como una amenaza o una espera angustiosa».

Pensemos en la larga secuencia durante la que Scottie sigue en coche a Madeleine, quien parece vagar por las calles de San Francisco sin motivo aparente. Se trata, por cierto, de una sublime materialización de la tesis del director —explicitada en una entrevista de 1950— según la cual el motivo dramático de la persecución es «la expresión definitiva del medio cinematográfico», por corresponderse el hecho narrado con la naturaleza «continuada» de una película que siempre va hacia delante. Seguimos: hay un momento en el que el vehículo de Madeleine se adentra por un callejón y se detiene en él; la mujer baja y entra en un edificio a través de una puerta trasera; Scottie, desde cuyo punto de vista vemos lo que sucede, la sigue. Cuando vemos *Vertigo* por vez primera, ignoramos por completo dónde estamos; la sensación, acrecentada por la música, es de misterio. Scottie avanza en la oscuridad y se encuentra con una segunda puerta; la cámara se acerca a ella; Scottie la abre con cuidado. Entonces, el velo de la oscuridad se descorre y una realidad inesperada —lo contrario de lo que sugería la situación— se adueña del plano con la nitidez de un sueño. Flanqueada por exuberantes ramos de flores a izquierda y derecha, primero de espaldas y luego de frente, Madeleine le dice algo a una mujer en el interior de lo que resulta ser una lujosa tienda de flores. Su nombre —Podesta Baldocchi— está escrito en una caja de cartón verde situada en la parte inferior izquierda del plano; el suelo es de azulejo y detrás de Madeleine —la profundidad de campo es considerable— hay otros clientes. En realidad, Scottie podía haber sabido adónde entraba si se hubiera fijado en el cartel que cuelga encima de la puerta trasera por la que ha entrado al local: solo cuando regrese al coche mostrará Hitchcock que ahí se dice «Podesta Baldocchi Flowers Customer Parking». Pero habríamos salido todos perdiendo: sin suspense y sin sorpresa. Volvamos al interior: de inmediato, dentro del mismo plano general de la floristería contemplada desde el punto de vista del detective, Madeleine se aproxima a Scottie sin llegar a verlo; más tarde comprenderemos que su gesto está medido al milímetro y que se ha acercado a la puerta para que él pueda contemplarla. Y mientras el *score* de Herrmann pasa al modo romántico, Hitchcock nos regala una imagen prodigiosa sobre la que se han detenido muchos comentaristas: Scottie se sitúa en la parte derecha del plano y lo vemos mirar a Madeleine a través de la puerta entreabierta; a ella la vemos también, gracias a un espejo fijado en el marco de la puerta, en la parte izquierda de la pantalla. Allí se mantiene durante unos segundos antes de volverse de espaldas, momento en que regresamos al plano de conjunto. Siendo vívida la imagen reflejada en el espejo, aparece como velada por una neblina —estamos en una ciudad donde las brumas son frecuentes— que nos impide distinguir los detalles del fondo; solo vemos con claridad

a los dos protagonistas, como si el mundo que los rodea solo fuese un decorado.

Esta superposición de puntos de vista recuerda a *Las meninas*, hasta el punto de que podemos encontrar una interesante coincidencia con la obra de Velázquez. Cuando nos preguntamos por la identidad de quien contempla la escena palaciega, la única conclusión posible estando el pintor *dentro* del cuadro es que somos *nosotros* quienes miramos, ya que las figuras regias que aparecen en el espejo pueden considerarse incluidas ya en el lienzo reflejado en el cristal. De manera análoga, Hitchcock introduce con ese plano una fascinante enunciación que rompe con el punto de vista que habíamos venido manteniendo (el de Scottie, que sigue a Madeleine) sin por ello proponer una alternativa vinculada a su antagonista (Madeleine, seguida por Scottie). ¿Quién mira? Dado que no podemos identificar esa mirada con la del realizador, pues la suya está presente en todo el film, la única explicación posible resulta ser que *el espectador es quien está mirando*. O sea, vemos a Scottie mientras mira a Madeleine; somos nosotros, espectadores, quienes la observamos *reflejada* en el espejo. En consecuencia, el plano no habla de la duplicidad Madeleine/Judy, ni sugiere que Scottie esté persiguiendo un reflejo fantasmal. Eso está ahí, sugerido, porque no puede dejar de estarlo. Sin embargo, la imagen que parte en dos la pantalla —situando ante nosotros, en cada una de sus mitades, a los protagonistas— nos devuelve por un momento al mundo *objetivo* y nos sustrae del mundo *subjetivo* de Scottie.

Mediante esa composición visual el narrador está diciendo a los espectadores que también ellos son *voyeurs* que persiguen —con la mirada— a un Scottie que persigue —no solo con la mirada— a una mujer que creemos real. Posibilidad del extrañamiento: ¿acaso somos *ese* que ahí aparece? ¿O estamos persiguiendo a una desconocida y fantaseando con ella? En la floristería se nos insinúa también por vez primera que Scottie tiene un carácter obsesivo; Hitchcock subrayará ese rasgo de su protagonista cuando recorra los lugares que jalonan su relación con Madeleine después de su muerte, confundiéndola con otras mujeres a la manera de los amantes que creen ver por la calle el rostro de quien lo ha abandonado.

## INTOXICACIONES SENSORIALES

Una alternativa a la secuencia, entendida como unidad expresiva, es el plano. Todos los planos dicen algo; transmiten información acerca del destino de los personajes o el curso de la acción. Pero hay planos que contienen una mayor carga denotativa, bien porque dicen más cosas que el resto, dicen algo más importante o lo dicen de una manera distinta. En esa línea, Murray Pomerance ha señalado que los «clímax situacionales» son una de las marcas autorales de Hitchcock, refiriéndose a momentos en los que algún personaje hace un descubrimiento de la máxima relevancia. Y un tipo de plano recurrente en la obra del director británico es aquel en que tiene lugar una «apoteosis afectiva» que permite al espectador aprehender el mundo narrativo del film de una sola vez: el ataque de una gaviota contra la Melanie Daniels que atraviesa la bahía en *Los pájaros*, el rostro desencajado de la primera víctima en *Frenesí*, la indiferencia con que Marion Davies se ducha pese a que detrás de la cortina se dibuja una amenazante silueta femenina...

¿Y qué hay de *Vertigo*? Pomerance escoge el momento en que Scottie mira al fondo del campanario, célebre plano que hace aflorar el «abismo que sube y se desborda» del que hablaba nuestro Eugenio Trías. Plano subjetivo del fondo de la torre, que parece ascender a medida que la mirada trata en vano de progresar en dirección contraria y se repite dos veces con distinta intensidad, este célebre «efecto Vertigo» consiste en un zoom que se ejecuta mientras un trávelin desplaza la cámara hacia atrás. Según cuenta Aulier, fue idea de un cámara de la segunda unidad llamado Irmin Roberts; se llevó a efecto con la ayuda de una miniatura del interior de la torre. Por supuesto, la fuerza dramática del vértigo que paraliza a Scottie en un momento decisivo de su labor profesional se deriva del conjunto de la secuencia de la que ese plano forma parte: la despedida en las caballerizas, la persecución en la galería, la subida por las escaleras. De inmediato, además, el *shock*; oímos un grito y Scottie ve cómo el cuerpo de Madeleine se precipita al vacío. Luego sabremos que el grito era de Judy, genuinamente horrorizada por la acción de Elster; la verdadera Madeleine había llegado muerta a la torre. Es un detalle macabro que suele pasarse por alto: es Judy quien otorga sin querer verosimilitud al suicidio de Madeleine poniendo voz a su chillido.

Sin embargo, el inventivo recurso visual de la subjetividad acrofóbica solo nos habla de un aspecto del film y no del más importante. El detective ya ha sufrido acrofobia, cuando persigue a un delincuente en la secuencia inicial y cuando se sube a una escalerita en casa de Midge. Aquí solo se ratifica su miedo al abismo, que podemos tomar metafóricamente como figura de terrores más vastos. Si queremos entender a Scottie, su primer acceso de vértigo en los tejados de San Francisco resulta más elocuente; como ha señalado Robert Pippin, si Scottie no coge la mano del policía que trata de ayudarlo cuando está suspendido sobre el vacío es porque —o al menos eso se quiere simbolizar— se trata de un hombre solitario que no reconoce su dependencia de los demás. La parálisis de Scottie condena al agente, que acaba por resbalar y choca contra el pavimento. El tema subyacente saldrá a la luz cuando Madeleine le diga a Scottie —¿o es Judy quien habla?— que «no se debe vivir solo». ¿Y acaso no se cuenta entre los planos más expresivos de la película aquel en el que Scottie trata de retener con sus besos a Madeleine en las caballerizas, mientras ella mira con angustia en dirección al campanario? La primera vez que vemos la escena pensamos que una pulsión suicida la empuja sin remedio; luego comprendemos que se ve obligada a cumplir su parte del trato con Elster a pesar de que ama a Scottie y no quiere perderlo.

¿Qué otros «clímax situacionales» encontramos en *Vertigo*? ¿Y con qué imágenes particulares u otros detalles de la puesta en escena podemos vincularlos? Podemos empezar por el encuentro de Scottie con Madeleine en Ernie's, que activa su fascinación por ella; el plano que condensa el significado de la secuencia nos muestra a Madeleine desde la perspectiva de Scottie, de perfil y casi «perfilada» en relación con el entorno, sin sonido ambiente y con el fondo repentinamente oscurecido. Luego está el fingido suicidio de Madeleine a los pies del Golden Gate Bridge, cuya imagen más perdurable antecede a la caída; el plano deja el puente a la izquierda, con sus tonalidades naranjas iluminadas por el sol vespertino y su imponente estructura creando profundidad de campo aun sin quererlo, mientras Madeleine ocupa la parte derecha con un gesto lánguido que transmite más melancolía que desesperación. Un tercer clímax —dramático y visual— es el beso que confirma la pasión amorosa de Scottie y Madeleine junto a la orilla de un océano embravecido cuyas olas golpean las rocas; escenificada de manera ambigua con la ayuda de la música de Herrmann, Hitchcock resalta el romanticismo arrebatado de los amantes sin dejar de proporcionar una cualidad *kitsch* a la escena. Pero hay más: cuando Scottie deja la habitación del hotel hasta donde la ha seguido, Judy se da la vuelta y mira hacia la cámara, dando paso a un *flashback* mediante el que subimos a su lado la trampilla del campanario, donde Elster aguarda su llegada para arrojar al vacío el cadáver de su esposa; el rostro atribulado de Judy «marca» este momento clave del film. Y más tarde tenemos a la propia Judy saliendo del baño —envuelta en una neblina verdosa— una vez consumada su segunda transformación, hito emocional de *Vertigo* que encuentra su expresión más perfecta en el trávelin circular que rodea a Judy y Scottie mientras los dos amantes se funden en un beso y los contornos de la habitación dejan paso a los del establo donde ambos se habían despedido antes del falso suicidio.

En lo que resta de película, encontramos todavía otros dos momentos climáticos. Uno es aquel en que Scottie reconoce el broche de Carlota en el cuello de Judy antes de salir a cenar, revelación que Hitchcock construye mediante una serie sucesiva de rápidos zooms: uno lleva al rostro de Scottie, que mira de perfil el broche; otro avanza hacia el broche mismo; el tercero se aleja del broche pintado en el cuadro, de tal modo que el retroceso de la cámara termina por mostrarnos a Madeleine, o sea a Judy haciendo de Madeleine, sentada frente a él, antes de que un corte nos devuelva al rostro sutilmente turbado de un Scottie que *por fin* ha resuelto el misterio que Elster le planteó durante su primer encuentro en los astilleros. La imagen del broche remite a las innumerables ocasiones en que Hitchcock ha depositado su atención sobre un objeto que condensa la trama de sus obras: el vaso de leche de *Sospecha*, la llave de *Encadenados*, el mechero de *Extraños en un tren*, las gafas rotas del niño de *Los pájaros* (que tanto recuerdan al cine mudo y en particular a Eisenstein), las corbatas de *Frenesí*.

Dicho esto, Hitchcock no carga las tintas visuales en la joya; tampoco hay en la película una imagen análoga al plano —de nuevo la expresividad del cine mudo— del guante de piel ensangrentado de *Los pájaros*. En *Vertigo*, los objetos tienen menor carga simbólica de lo habitual. En esta ocasión, el acento recae en los personajes y en la atmósfera de los lugares donde se desenvuelven; lo que no quiere decir que el broche, las flores o los cuadros carezcan de relevancia dramática o estética. Finalmente, está el desenlace: el segundo ascenso por la escalera de un Scottie en apariencia curado de su vértigo, que arrastra a Judy hasta la escena del crimen y que la pierde de nuevo cuando ella —*jumpy* es una de las formas de decir «nerviosa» en inglés— se tira del campanario. Hitchcock repite el gesto que vimos en el establo: Judy besa a Scottie, pero abre los ojos en la dirección de donde viene el ruido —la monja— que la asustará. Recordemos que la cinta se cierra con la patética figura de Scottie, ligeramente inclinado hacia delante, contemplando en soledad el fondo del abismo.

Este somero recuento demuestra que *Vertigo* abunda en plenitudes estéticas y dramáticas; está atravesada, usando los conceptos de Pomerance, por apoteosis afectivas y clímax situacionales. Ahora bien, ningún análisis de las formas de *Vertigo* puede pasar por alto la importancia del color. Este no solamente luce majestuoso en el formato VistaVision, objeto de un tratamiento magistral por parte del fotógrafo Robert Burks y del asesor cromático Richard Mueller, sino que además Hitchcock lo emplea para comunicar ideas y emociones con una sobresaliente eficacia. Acierta Fernando Usón cuando distingue el tema de lo *pictórico*, que remite a la búsqueda del ideal platónico, del recurso a lo *cromático* como elemento visual; lo pictórico estaría sobre todo presente en la primera mitad del film, donde no por casualidad los cuadros tienen una presencia destacada, mientras que el uso narrativo y psicológico del color no se abandona en ningún momento del metraje. Su utilización en *Vertigo*, como sostiene Eli Friedlander, es interno a su argumento y no un rasgo puramente decorativo. Y ciertamente es imposible *rebajarlo* a la condición de simple ornamento; tal es el potencia visual que tienen las paredes de intenso rojo escarlata de Ernie's, la bata igualmente roja que se pone Madeleine en casa de Scottie y, por supuesto, el verde: el verde del atuendo que luce Judy cuando pasea con sus amigas, el verde del letrero luminoso del hotel que inunda su habitación e ilumina a Judy —en una serie de planos sobrecogedores que prefiguran los interiores del cine de Wong Kar-Wai— mientras habla con Scottie, e incluso el verde del jersey que viste este último cuando habla con Madeleine en su salón tras sacarla de la bahía.

En la paleta de *Vertigo*, el rojo y el verde son dominantes antes de que el negro haga aparición: si el rojo representa la pasión amorosa, el verde está asociado al misterio o lo desconocido, mientras que el negro tiene que ver con la muerte y lo siniestro. Hay matices: Spoto ha señalado que el verde es el color tradicionalmente empleado en el teatro para anunciar la manifestación de los espíritus; Trías lo asocia a la memoria y la esperanza en la resurrección; Usón ha recordado que el rojo se relaciona con la muerte a lo largo de la película (el Golden Gate, las flores del cementerio, la tumba abierta del sueño). Del mismo modo, cada personaje está asociado a un color de manera predominante aunque no exclusiva: Elster es el hombre de los trajes oscuros, un elegante heraldo del mal; Midge también lucirá el color rojo, pues está enamorada; Scottie llevará un jersey verde cuando acoja a Madeleine en la intimidad de su hogar. El final de la película está dominado por el negro; la oscuridad reina en el campanario. No obstante, en el plano que nos muestra a Judy hablando con Scottie en la habitación del hotel —iluminada por el letrero luminoso del establecimiento— los colores que llenan la pantalla son el verde y el negro, matizados apenas por el morado con que Judy se ha pintado unos labios que van a juego con los tirantes de su vestido. Es una combinación significativa: la inminente resurrección de Madeleine, que regresa de entre los muertos, está entreverada de muerte. Ella misma, Judy, está entre el verde y el negro; entre la vida y la muerte. ¿Acaso no sirve el color para marcar las diferencias entre Madeleine y Judy? Mientras que la primera semeja una diva del cine clásico en blanco y negro pese a vestir de gris o de rojo, sostiene Riccardo Falcinelli, la segunda no solo tiene «color» sino que es «colorida»; el contraste entre la desaturada Madeleine y la chillona Judy señala su pertenencia a clases sociales distintas.

Como ha señalado Usón, el color es una más de las «herramientas de sentido» a disposición de los cineastas. ¡No todo es colocar la cámara! Su papel en *Vertigo* es fundamental: la cinta deslumbra con un colorido que resulta determinante para construir su atmósfera onírica y causar en el espectador una *intoxicación sensorial* que facilita la tarea del narrador. Es como si Hitchcock acudiese a la llamada que había hecho Carl Dreyer con motivo del estreno en Dinamarca de *La puerta del infierno*, película de Teinosuke Kinugasa premiada en el Festival de Cannes de 1953 que destaca aún hoy por el uso espectacular de la paleta. Aunque Dreyer siempre filmó en blanco y negro, defendió por escrito que el color es un medio capital para alcanzar la abstracción en el cine: «Hacen falta intuición artística y valentía para elegir con precisión aquellos colores que sostengan el contenido dramático y psicológico del film». Y eso es justamente lo que sucede en *Vertigo*; en ningún otro Hitchcock cumple el color una función parangonable.

# 3
## ESPACIOS INSEGUROS

Para entender por qué *Vertigo* es —o puede ser— un film problemático para la sensibilidad contemporánea, en particular para ese feminismo que tanto ha progresado como movimiento social y político desde el momento de su estreno allá por 1958, basta reparar en el diálogo que mantienen Scottie y Judy cuando el primero trata de persuadir a la segunda de que se transforme en Madeleine, sin saber todavía que Judy *era* Madeleine. Su diálogo resulta elocuente:

JUDY: Si dejo que me cambies, ¿será suficiente? Si hago lo que me dices, ¿me amarás?
SCOTTIE: ¡Sí, sí!
JUDY: De acuerdo, lo haré. Yo ya no me importo.

Aplicando a este caso el vocabulario de la teoría feminista, nos encontramos con que el estereotipo del amor romántico dominante en la sociedad patriarcal habría conducido a una anulación de la agencia o capacidad de acción de Judy, a quien podemos presumir sometida al poder de Elster antes de caer bajo el radio de acción de Scottie. Son las distintas caras del patriarcado: mientras que Elster es un criminal que la recompensa económicamente por participar en su malévolo plan, Scottie es un hombre maduro que la convierte en el vehículo de su fetichismo necrófilo. Se trata, en definitiva, de un panorama aterrador.

No es casualidad que uno de los *leitmotiv* de la película sea el «poder y libertad» de los varones, pareja de conceptos que aparece hasta tres veces en boca de distintos personajes. Cuando Gavin Elster se reúne con Scottie en el astillero, evoca con nostalgia los tiempos del viejo San Francisco, donde todavía podía disfrutarse del «poder y libertad» que corresponde a los hombres de su clase. Aún ignoramos que Elster quiere más poder del que ya atesora y no dudará en recurrir al crimen para alcanzarlo. El librero que relata a Scottie la historia de Carlota Valdez, como buen conocedor de los *good old times* de la alegre San Francisco, abunda en la misma idea: si la «bella y triste Carlota» conoce un final tan desgraciado, es porque «los hombres podían hacer esas cosas entonces, tenían el poder y la libertad». Por último, será Scottie quien —horrorizado ante la verdad que ha descubierto— deplore ante una temblorosa Judy que se dejara engañar por Elster: «¡Con todo el dinero que tenía gracias a su mujer, con todo ese poder y esa libertad, te usó y abandonó!». Peor aún: una vez descubierta, Judy solo desea que Scottie vuelva a amarla; ha sido manipulada por Elster y ahora se deja manipular por Scottie. ¿Cómo es posible que *disfrutemos* con una historia así? El malestar feminista está servido.

Esta interpretación de *Vertigo* no es nueva. Así lo demuestra el caso de Robin Wood, gigante de la crítica estadounidense que se cuenta entre los primeros defensores del valor artístico de la película. Su temprana reivindicación del film se produce en un contexto tan desfavorable que todavía en 1965 —siete años después del estreno— Wood se siente compelido a «intentar justificar» que la cinta es una obra maestra de extraordinaria belleza. Y escribe: «Madeleine ha evocado en todos nosotros el anhelo por algo que trasciende la realidad cotidiana, tan básico a la naturaleza humana». Pero Wood regresó a *Vertigo* un cuarto de siglo después, una vez asimilados los elementos centrales de la crítica feminista al cine clásico; cuando publica *Hitchcock's Films Revisited* en 1989, de hecho, ya se ha declarado feminista y revisa sus opiniones sobre el cine del autor británico. Acusando al Wood joven de «sexista», lamenta no haber sometido a crítica en su momento la noción tradicional de amor romántico y se afea su previo desconocimiento de la teoría psicoanalítica como herramienta para el análisis del deseo en la sociedad patriarcal. Su interrogante se hizo célebre: ¿es posible salvar a Hitchcock para el feminismo?

Es una pregunta interesante, a condición de que no le demos más importancia de la que tiene. ¿O es que pasaría algo si esa operación de salvamento no pudiera consumarse? ¿De dónde viene la exigencia de que Hitchcock se ajuste a los postulados feministas? Si alguien como Wood insiste en interpretar el cine del británico sobre la base experiencial que le proporciona su trayectoria biográfica como homosexual tardío, ¿puede esa lectura *particularista* asumir o reclamar un valor *universal*? ¿Tenemos que dejar de ver las películas de Hitchcock porque a él, Wood, dejen de parecerle correctas o satisfactorias? ¿Debemos «cancelar» a Hitchcock porque Hitchcock no dice lo que uno quiere que diga? La respuesta es inequívoca: no. Para colmo, no está nada claro lo que Hitchcock en general y *Vertigo* en particular quieren decirnos acerca de las relaciones entre hombres y mujeres, el amor y el sexo, el voyeurismo o la fantasía. Si miramos bien, quizá nos pase lo mismo que a Scottie y descubramos que las cosas no siempre son lo que parecen.

## «V» DE *VOYEUR*

La publicación del célebre artículo de Laura Mulvey sobre la *male gaze* o «mirada masculina» en 1975 dio lugar a una proliferación de análisis feministas del cine clásico. Durante los años setenta y ochenta, el impacto de la teoría feminista sobre los estudios cinematográficos de corte académico fue extraordinaria; la combinación de feminismo, psicoanálisis y marxismo generó una teoría caracterizada por un alto grado de abstracción y complejidad. Su tenor suele ser prescriptivo; estos textos no solamente denuncian el cine clásico como contenedor de visiones patriarcales, sino que también advierten contra una recepción ingenua del vasto corpus fílmico hollywoodense que pase por alto su capacidad para contribuir a la perpetuación de los roles de género tradicionales. Y, aunque sus practicantes trataron de deslegitimar los intentos por elaborar lecturas alternativas, la densa autorreferencialidad de sus textos acabó por convertirse en una carga. No en vano, Raymond Durgnat había alertado ya en 1974 contra un «delirio de la interpretación» que hacía decir a las películas de Hitchcock —cobaya habitual de la crítica feminista de inspiración psicoanalítica— cosas que no estaban en ellas. Y si bien el fortalecimiento del feminismo en el marco de la llamada «cuarta ola» —entrado ya el siglo xxi— habría contribuido a darle un nuevo impulso, no parece que esta teoría fílmica pueda recuperar su hegemonía en un marco de conocimiento caracterizado por el pluralismo y la ausencia de un enfoque dominante que marque el paso a los demás.

Para la crítica feminista más radical, el cine no es un espejo de la realidad, sino un artificio que media entre los seres humanos y el mundo social. Suelen por ello considerarse superficiales trabajos como el realizado por autoras como Marjorie Rosen o Molly Haskell, dedicado al análisis de los estereotipos de género en el cine. No es que el análisis de tipos cinematográficos tales como el ama de casa, la mujer fatal o la prostituta carezca de valor; en la medida en que se los considera productores de falsa conciencia entre los integrantes del público, su identificación se considera pertinente. Sin embargo, pensadoras como Claire Johnston, Annette Kuhn o la propia Mulvey sostienen que Hollywood es una fantasía patriarcal sostenida colectivamente, una mitología popular que no *refleja* realidades sino que las *crea*. La influencia de Althusser y Barthes se deja sentir: las mujeres son signos formulados por los hombres; el cine ha sido —quizá no sea ya— pieza destacada de esa formidable máquina semiótica. Adviértase que la denuncia no se limita al cine clásico de Hollywood; el realismo europeo o el cine de autor serían asimismo artificios que incorporan sus propias servidumbres: Monica Vitti puede ser tan regresiva como Lana Turner.

Mulvey describe el cine como un sofisticado mecanismo para la producción y perpetuación de la ideología patriarcal masculina. El psicoanálisis serviría para explicar de qué manera la atracción por el cine se sostiene sobre otros «patrones de fascinación» que operan en el individuo. Hay que recurrir al «inconsciente de la sociedad patriarcal» para explicar la forma que adopta el cine; y es que si el cine se hace en una sociedad patriarcal, cosa que se da por supuesta, las películas reflejarán los fundamentos ideológicos que la sostienen. ¿Y cuáles son? Mulvey tira de psicoanálisis: «La paradoja del falocentrismo en todas sus manifestaciones es que depende de la imagen de la mujer castrada para dar sentido y orden a su mundo». Aquí es donde Hollywood entra en juego; su proverbial «magia» se corresponde con su habilidad para manipular el placer visual. Y entre los distintos placeres que ofrece el cine se cuenta el hecho mismo de *mirar*, algo que Freud —según la escritora británica— habría aislado como uno de los componentes del instinto sexual.

Sigue Mulvey: aunque el padre del psicoanálisis se centraba en el voyeurismo de los niños, la sala de cine puede generar una sensación de aislamiento en el espectador adulto que se entrega a los placeres visuales ofrecidos por la pantalla. Hollywood nos convierte así en mirones, estimulando el desarrollo de la escopofilia en su «aspecto narcisista». O sea, explotando el deseo del espectador de identificarse con un rostro y unas formas humanas que constituyen su «ego ideal». Este ego ideal es la estrella cinematográfica, que llena la pantalla y protagoniza la historia. Pero:

> En un mundo ordenado a partir de un desequilibrio sexual, el placer de la mirada se ha dividido entre lo activo/masculino y lo pasivo/femenino. La mirada masculina es determinante y proyecta su fantasía sobre la figura femenina, estilizada en consecuencia.

Así que los actores que aparecen en pantalla son agentes de la mirada; los espectadores se identifican con ellos para disfrutar del control y la posesión vicarias de las actrices que también figuran en la narración. El espectador se identifica con el hombre; la mujer solo está para ser mirada. Avanzando por la senda freudiana, la escritora británica sostiene que la ausencia de pene en la mujer es tan evidente que su presencia en el film le recuerda al varón —a quien creíamos sentado tranquilamente en el patio de butacas— su propio miedo a la castración. ¿Y cómo puede el espectador que ve amenazada su masculinidad vencer la ansiedad resultante?

Solo hay dos maneras: una es recurrir al voyeurismo, devaluando o castigando a la mujer (como sucedería en el *film noir*); otra es apostar por la «escopofilia fetichista» que enaltece la belleza de la mujer con el fin de neutralizar su peligrosidad. El voyeurismo necesita una narración; el fetichismo puede realizarse fuera del tiempo lineal de las tramas fílmicas. Von Sternberg sería el mejor representante del fetichismo, ya que sus obras de los años treinta no tienen otro tema que Marlene Dietrich; Hitchcock, en cambio, despliega indistintamente ambas estrategias. Así es como Mulvey llega a *Vertigo*, con la que quiere apuntalar su teoría. Es una jugada de riesgo; como veremos a continuación, la película no se deja domesticar.

Nuestra autora sostiene que Scottie es un héroe representativo del orden simbólico de la sociedad —nada menos que un detective— cuyos impulsos eróticos le llevan a situaciones comprometidas. Siente fascinación por una imagen —Madeleine— que le proporciona placer escopofílico; la trama oscila así entre el voyeurismo y el fetichismo. El uso del punto de vista subjetivo conduce al espectador a una posición incómoda, ya que la perversión sexual de Scottie se disimula bajo la apariencia de la corrección ideológica: el expolicía está del lado de la ley, mientras que la mujer a la que sigue se la ha saltado; su castigo, por tanto, está legitimado por la sociedad patriarcal. Tanto Madeleine como Judy son sometidas a la cosificación masculina: «El poder de someter a otra persona sádicamente a nuestra voluntad o voyeurísticamente a nuestra mirada convierte a la mujer en objeto de ambas». De acuerdo con Mulvey, el predominio de la *cámara subjetiva* —*«aparte de un flashback* desde la óptica de Judy»*, se limita a señalar— implica que el público contempla el desarrollo de la obsesión erótica de Scottie desde la perspectiva masculina. En la primera parte, Scottie se enamora de la mujer a la que vigila; en la segunda, «reconstruye a Judy como Madeleine, forzándola a ajustarse en cada detalle a la apariencia física de su fetiche». Tal cosa es posible, alega Mulvey, porque el voyeurismo de Scottie tiene su contraparte en el exhibicionismo y masoquismo de Judy. Por su parte, el espectador cae en la trampa; confiado en la legalidad que protege a su médium, Scottie, acaba descubriéndose como cómplice y víctima de la ambigüedad moral que define a la mirada voyeurista. Y todo esto por el módico precio de una entrada de cine.

Que la teoría de Mulvey goce de un considerable prestigio, entre otras razones porque contribuyó en su momento a dotar de legitimidad intelectual a la noción

del *auteur* cinematográfico, no proporciona por sí solo robustez a sus argumentos. Difícilmente podrán *demostrarse* estos últimos, asentados como están en la hipótesis psicoanalítica sobre la trayectoria edípica del varón y en la premisa de que la observación de las estrellas cinematográficas proporciona al espectador un placer escopofílico que cumple intrincadas funciones psicológicas de carácter compensatorio. Se alegará que tampoco pueden *refutarse* tales argumentos; hasta cierto punto, es verdad. Pero hay que intentarlo. La profesora Marian Keane, por ejemplo, ha discutido que Freud dijera lo que Mulvey dice que dijo; el médico vienés no habría afirmado en ninguna parte que disponía de una «teoría» de la escopofilia, no habría sostenido que el escopofílico somete a los demás a una mirada «controladora» y no la habría asociado con un concepto rígido de masculinidad vinculado de manera exclusiva a los varones. Para colmo, no hay nada de inconsciente en el cine de Hitchcock; el realizador explora de manera *consciente* temas como el voyeurismo y el fetichismo, sin distinguir a esos efectos entre hombres y mujeres. Nicholas Haeffner ha alertado contra dos tentaciones habituales en los intérpretes de su obra: una consiste en «leer» los films como confesiones personales del director; la otra es juzgarlo como un individuo gobernado por sus pulsiones inconscientes. Hitchcock mismo, en el curso de una entrevista, aclaró a Bogdanovich que no se identificaba con sus personajes, ya que de otro modo no podría representarlos en pantalla de manera objetiva. ¡A otro perro con ese diván!

¿No será que Mulvey está proyectando sobre el Hollywood clásico su particular forma de ver las relaciones entre hombres y mujeres, con independencia de lo que Hollywood hiciera con ellas? Hitchcock no se caracterizaba precisamente por dejar a la mujer de lado en sus estructuras dramáticas; como ha señalado Richard Ness, casi todos sus trabajos de los años cuarenta pueden considerarse *women's films* y la mayoría tiene en su centro a una mujer que sufre una transformación interior tras haber descubierto alguna verdad personal o moral: *Recuerda, Encadenados, Sospecha, Rebeca.* El director británico había dicho al crítico André Bazin que las películas de Hollywood se hacían pensando en el público femenino; desatender ese mercado era un riesgo para cualquier estudio, sobre todo durante un periodo bélico en el que gran parte de la audiencia masculina estadounidense era llamada a filas. Por supuesto, hay una fetichización de la mujer en el cine clásico; igual que la hay fuera de las salas. La mujer es la primera que hace un fetiche de sí misma cuando se maquilla o compra revistas cuyas portadas muestran a hermosas mujeres bien vestidas; en ese sentido, podría decirse que el cine explota un rasgo preexistente —¿socialmente inducido, antropológicamente dado?— que a su vez contribuye a reforzar. Y los hombres no se libran; también ellos son objeto de particulares tipificaciones «fetichistas» en la producción hollywoodense, vinculadas a conductas asociadas con una concepción particular de la masculinidad: el pistolero, el galán, el soldado. De hecho, los actores se

veían obligados a ocultar a la prensa su homosexualidad
o a encarnar un personaje que facilitase el buen rumbo
de su estrellato; sin descartar la posibilidad de que algunos de ellos aceptasen de buen grado, pagando el tributo
correspondiente a cambio de una fortuna, su participación en el gran *show* hollywoodense.

Por añadidura, conviene andarse con tiento: la Marlene Dietrich de *Marruecos* es más inteligente que el
legionario al que encarna Gary Cooper; Joan Crawford
da vida en *Johnny Guitar* a una mujer fuerte que dirige
un *saloon* donde emplea a varios hombres; y, aun asumiendo que la *femme fatale* de cintas del género *noir*
tales como *La dama de Shanghái* o *Perversidad* se sirve
de su capacidad de seducción para hacer el mal antes de
recibir su castigo, difícilmente podemos tenerla por una
figura femenina carente de «agencia». ¿Y qué decir de
la trepidante comedia *screwball* de los años treinta, pla-
gada de mujeres independientes que se dedican a la-
brarse una vida profesional o a elegir soberanamente al
hombre de sus sueños? En *Sylvia Scarlett*, dirigida por
George Cukor y estrenada en 1935, Katharine Hepburn se pasa media película travestida de hombre; en
*I Was a Male War Bride*, firmada por Howard Hawks
en 1949, es el soldado Cary Grant quien se viste de
mujer a fin de poder viajar de Europa a Estados Unidos
tras un error de la burocracia militar. ¿Meras excepciones
a la regla? La relativa frecuencia con que se producían
sugiere que el Hollywood clásico no era el monolítico
paisaje heteronormativo que la crítica feminista suele
lamentar.

## IDENTIDADES QUEBRADIZAS

Tampoco acierta Mulvey cuando postula un espectador universal que se identifica de modo invariable con el protagonista masculino, a través del cual proyecta una mirada escopofílica sobre la mujer. Harry Oldmeadow ha puntualizado que la identificación del público es un fenómeno complejo, que la fórmula de la *male gaze* no resuelve de modo satisfactorio; ni los espectadores reaccionan de una manera tan simplista a lo que ven en pantalla, ni la adopción del punto de vista del actor protagonista trae consigo una adhesión excluyente a su figura. Ya hemos visto —al analizar la secuencia de la floristería— cuán diversos y ambiguos pueden ser los significados de una película como *Vertigo*. Sin abandonar el campo de la crítica feminista, Tania Modleski admite que existe una *female gaze* o «mirada femenina» sobre hombres *y* mujeres; no todo empieza y acaba en el varón. Por el contrario, escribe, tanto hombres como mujeres encontrarán en el cine de Hitchcock «imágenes de sexualidad ambigua que amenazan con desestabilizar por igual la identidad de género de protagonistas y espectadores». Ya se ve que la teoría fílmica feminista da por supuesto que el cine solo justifica su existencia si contribuye a desestabilizar la identidad de género del espectador; si ese singular acontecimiento no se produce, habremos perdido el tiempo. Lo cual, claro, es mucho suponer.

La sofisticada lectura del cine de Hitchcock que propone Modleski jamás abandona el marco psicoanalítico de rigor en la teoría fílmica feminista y parece así excluir la posibilidad de que haya un enfoque alternativo digno de interés; a quien no haga suyas esas herramientas se le señalará fuera de juego. Si Hitchcock se empeñaba en ejercer un férreo control creativo sobre sus películas, dice Modleski, es porque en ellas nos encontramos con mujeres temibles y fascinantes que amenazan con «subvertir» el sentido de su cine. La relación del director británico con esas mujeres sería ambivalente: pese a que sus heroínas sufren una considerable violencia, son capaces de resistir la asimilación patriarcal y con ello permiten que las espectadoras se abran a una nueva forma de ver las relaciones de poder que impiden su emancipación. Podemos explicar la violencia que sufren las mujeres de Hitchcock por medio del psicoanálisis: dado que el varón ve comprometida su autonomía a causa de la fascinación que siente por la mujer, no le queda más remedio que negar de manera agresiva —actuando contra las mujeres— la feminidad que descubre en su interior.

No vayamos tan deprisa. ¿Estamos seguros de que la presión que Scottie ejerce sobre Judy cuando se la encuentra por la calle tiene que ver con la represión de su lado femenino o la defensa inconsciente de su masculinidad? Es razonable ver en él a un hombre desesperado por la pérdida irreversible de la mujer amada; alguien que en ningún momento se para a pensar que sus demandas sobre Judy —esa Judy que se deja hacer— resulten inapropiadas o dañinas. La propia Mulvey yerra cuando otorga un papel subordinado a Judy, pasando de puntillas por el momento en que la narración adopta su punto de vista. A este respecto, Marian Keane ha resaltado el hecho de que Judy vuelva su rostro en la dirección de la cámara cuando Scottie deja su habitación de hotel: el gesto parece indicar que ella *sabe* que no está sola. Analizaremos con detalle esta secuencia más adelante; baste dejar sentado aquí que, como dice Richard Abel, la posición del espectador se fractura en dos *durante* el *flashback* en el que se revela el secreto de Judy, ya que ahora podemos ponernos simultáneamente en el lugar de ambos. Digamos en su descargo que Modleski va más lejos que Mulvey cuando arguye que los mecanismos de identificación se ven complicados en *Vertigo* desde muy pronto. Pero es el instante posterior en que Judy se vuelve hacia nosotros, cobrando vida y alzando la voz, el que marca un insoslayable punto de inflexión: si hasta ese momento podíamos *presentir* que algo no encajaba en la historia que se nos venía contando, ahora se nos hace explícito.

En todo caso, es evidente que el atribulado Scottie no es uno de esos varones que ejercen su «poder y libertad» en el interior de la sociedad patriarcal. ¡Ya quisiera él! Hablamos de alguien que sufre dos engaños sucesivos —Elster primero y Judy después— antes de perderlo todo. En este perverso triángulo, Elster es el único que hace el mal de manera consciente; Scottie es una suerte de cazador cazado que ve nublado su juicio a causa del enamoramiento, mientras que Judy da la impresión de haber sido seducida por el primero antes de desarrollar imprevistos sentimientos amorosos por el segundo. Si hay aquí un hombre que ejerce poder sobre los demás, en consecuencia, es Elster y no Scottie. Así lo reconoce Judy en la carta que empieza a escribirle después de encontrarse con él: «La víctima eras tú». Al fin y al cabo, Elster escoge a Scottie *porque* es falible. En su análisis del motivo hitchcockiano de la «caída» en *Vertigo*, Walker encuentra alusiones al vínculo paternofilial; el policía que intenta ayudar a Scottie sería un símbolo de la figura paterna, mientras que Midge aparece como una suerte de madre que observa impotente cómo su protegido sucumbe sin remedio. En suma, nos las vemos con un huérfano que no sabe manejarse en el mundo.

Aunque no lo parezca, *Vertigo* podría incluso encuadrarse dentro de ese cine que representa modelos de masculinidad diferentes al tradicional o al que tenemos por tradicional. Fue la académica feminista Kaja Silverman quien introdujo en la teoría fílmica la idea de que la masculinidad ha conocido distintas formulaciones —no una sola— a lo largo de la historia del cine. No hace falta recurrir a Fassbinder: Silverman destaca *Los mejores años de nuestra vida*, el poderoso drama posbélico de William Wyler sobre el regreso a casa de varios veteranos de guerra, por atreverse a mostrar la castración y el dolor de los varones. En modo alguno puede así sostenerse que los hombres *siempre* tienen el poder y las mujeres *siempre* carecen de él. ¡Depende! Convengamos que estudiar las representaciones cinematográficas de la «ideología de la masculinidad» —entendida como el repertorio de imágenes que genera la cultura y que contribuye a definirnos en relación con el sexo o la clase social— es indispensable para entender cómo los hombres se relacionan con las mujeres. Scottie se nos aparece como un sujeto masculino en crisis y desviado respecto a la norma: expolicía fracasado y soltero de apariencia virginal a los cincuenta años, su existencia se ve desbaratada después de entablar contacto con una dama de la alta sociedad y acabará por suplicar a una joven provinciana que se preste a una mascarada con la que espera salir de su postración melancólica. Como héroe patriarcal, en fin, Scottie deja mucho que desear.

No toda la crítica feminista abraza los presupuestos teóricos de Mulvey. El mismo Robin Wood que despierta a su homosexualidad y procede a revisar sus viejos escritos sobre Hitchcock no acaba de ver en este último a un autor «machista», sino más bien a alguien que mantiene una relación ambivalente con la feminidad. En el caso de *Vertigo*, esa ambivalencia admite incluso una lectura feminista; la revelación de la identidad de Judy muestra a los espectadores a un ser humano digno de respeto. Se nos hace ver así «la monstruosidad de un proyecto construido sobre las demandas "infantiles" del ego masculino regresivo y su negación de la realidad humana de la mujer». Tomar conciencia del deleznable experimento desarrollado por Scottie convierte el último tercio de la cinta en una experiencia dolorosa y, sin embargo, razona Wood, nos anima a reparar en el control masculino de los deseos de la mujer que es característico de la sociedad patriarcal. El difunto crítico norteamericano toma así el «patriarcado» como una realidad social indiscutible, pese a que está lejos de serlo en las sociedades occidentales de ahora mismo y en la película —1958— no solo figuren la vulnerable Judy o la Madeleine real (esposa desocupada y dueña de la fortuna que Elster quiere apropiar-se), sino también esa Midge que trabaja exitosamente por su cuenta y vive sola en un bonito apartamento con vistas.

Por último, se ha destacado con razón la cualidad *fantasmal* que adopta Madeleine en sus distintas apariciones en *Vertigo*; el tratamiento visual de Hitchcock persigue crear esa impresión. Es más, el crítico Edward White sostiene que un aire de misterio envuelve a *todas* las mujeres en el cine del londinense; incluidas aquellas de tipo más ordinario que, como la Midge de *Vertigo* o la Eve Gill (Jane Wyman) de *Pánico en la escena*, se parecen a las que Hitchcock trató en su vida personal. Represente o no su ideal sexual, pues, Hitchcock parece ver algo indescifrable en *la* mujer. Su guionista principal en *Vertigo*, Samuel Taylor, señaló que el director se identificaba con sus heroínas más que con sus héroes; tal vez influyese en ello la conciencia de su escaso atractivo físico, que lo situaba a su pesar en los márgenes del dinámico mercado erótico de la industria cinematográfica. Anne Billson ha rechazado las acusaciones de misoginia vertidas sobre él por una parte de la crítica recordando dos hechos irrefutables: que las mujeres que poblaron su cine eran invariablemente valientes e ingeniosas y que durante toda su carrera —como ya se ha dicho— él mismo se rodeó de potentes colaboradoras. Hay hombres que, diciéndose feministas, están peor acompañados.

## DESVENTURAS DEL HOMBRE DISPONIBLE

No hace falta creer a pie juntillas en trayectorias edípi-
cas para tipificar la conducta de Scottie —no digamos
la de Elster— como moralmente inapropiada. Sin
duda, la presión que el detective ejerce sobre Judy puede verse como el intento de anular la autonomía de una
joven por razones poco edificantes: su intención es re-
componer un ideal femenino cuyo origen se sitúa en
una traumática experiencia personal. Así que Scottie
convierte a Judy en un medio para sus fines, mientras
que Madeleine —por si una sola no bastaba— muere
en dos ocasiones. ¡Nada que objetar! O sí, porque hay
otras maneras de interpretar la transformación de Judy
en Madeleine. La crítica feminista resulta enriquece-
dora siempre que no aspire a gozar de una exclusividad
hermenéutica a la postre empobrecedora: no se la puede dejar fuera y tampoco puede quedarse sola. *Vertigo* se
resiste a la simplificación; es una obra abierta que no
deja de interpelarnos. Por eso seguimos discutiéndola.

A partir de la célebre conversación entre Hitchcock
y Truffaut, suele concluirse que Scottie quiere mantener relaciones sexuales con una muerta; que es algo distinto de acostarse con un cadáver. Scottie trata de recrear a la mujer perdida en la persona de una chica que
se encuentra por la calle; la muerta resucita en el cuerpo
de otra. Y lo hace mediante una operación de desnudez
inversa: Judy se convierte definitivamente en Madeleine
cuando se recoge el pelo como lo hacía la difunta, culminando así la transformación impuesta por Scottie con

la ayuda de modistas y maquilladoras. Hitchcock destacaba con agrado esta paradoja; mucho se le ha citado diciendo que el cambio de peinado en Judy equivale al momento en que una joven se despoja de su ropa interior antes de entregarse a su amante. Pero Hitchcock no le dice a Truffaut que Scottie quiera acostarse con una muerta, sino que Scottie *recrea* una imagen sexual —la imagen de Madeleine— para volver a acostarse con la mujer a la que ha perdido. ¡No es lo mismo! El director londinense se distancia todavía más de esa vulgar imagen al decir de manera literal que Scottie incurre «metafóricamente» en una forma de necrofilia. Podríamos incluso alegar que el sexo no es aquí lo más importante; de lo que se trata es de recuperar lo irrecuperable.

A este respecto, escuchar los audios originales de la conversación entre Hitchcock y Truffaut es un ejercicio muy recomendable; aunque el lector del libro original asume que en él se transcriben de manera fiel las palabras del realizador, no siempre es el caso. Janet Bergstrom, quien ha estudiado minuciosamente la transcripción original, ha explicado que el editor no quería un libro demasiado largo y, además, necesitaba hacer sitio para un buen número de fotografías. El resultado fue una considerable reducción del material transcrito, lo que con demasiada frecuencia priva al lector de valiosas matizaciones y argumentos suplementarios; tampoco faltan las palabras o frases traducidas de tal modo que se pierde el sentido original de lo que el director quiso decir.

Justo después de hablar de la necrofilia, Hitchcock introduce una apreciación decisiva para la recta interpretación del film; una apreciación que no todas las versiones del libro recogen con la deseable exactitud. En la vieja edición española de Alianza, que apareció en 1974, Hitchcock dice algo determinante: «Contamos la historia desde el punto de vista de un hombre que es un emotivo». Sin embargo, en la edición que Faber & Faber presentó en 2017 como «revisada», llevada a término con la colaboración de la misma Helen Scott que tradujo a Hitchcock para Truffaut y a Truffaut para Hitchcock en aquellos encuentros memorables, este último habla de «un hombre que sufre una crisis emocional». El matiz es importante: una cosa es *ser* propenso a la emocionalidad y otra distinta *estar* en una situación crítica que dispara las respuestas afectivas. La grabación original despeja la incógnita: Hitchcock habla literalmente de una película contada «from the point of view of an emotional man». Hay que suponer que Helen Scott ha querido facilitar la comprensión del lector contemporáneo recurriendo a la idea de una *crisis* emocional. Pero el razonamiento de Hitchcock es mucho más coherente: Scottie pertenece a un tipo psicológico definido por la hipersensibilidad afectiva.

¿Y qué quiere decir, desde un punto de vista cinematográfico, que Scottie sea un «hombre emotivo»? Es sencillo: con la excepción de los pocos minutos que pasamos con Judy, todo lo que vemos en *Vertigo* lo vemos a través de las emociones inestables y violentas de un

hombre que *se deja llevar* por sus impulsos. Si el Frédéric de *La educación sentimental* de Flaubert arruina sus posibilidades vitales a causa de una pasión amorosa siempre reprimida, Scottie hace exactamente lo contrario: abandonándose a una pasión enfermiza, destruye el objeto de su amor y acaba consigo mismo por el camino. Irónicamente, es el mismo Scottie que durante el clímax final en el campanario reprochará a Judy el haberse dejado llevar por el sentimentalismo y conservase como «souvenir del asesinato» el broche delator de la difunta Madeleine. Pero atención: incluso el clima onírico del film *pertenece* a Scottie, se corresponde con su subjetividad y deriva del encuentro de su mundo emocional con la trama creada a su medida por el astuto Elster. En cambio, no se gana demasiado si se afirma —como ha hecho entre nosotros Elisenda Julibert— que *todo* lo que sucede en pantalla es un producto de la *fantasía* de Scottie, hasta el punto de que los personajes con los que interactúa son fantasmagorías sin voluntad propia. Incluso si así fuera, por ejemplo si damos por bueno que Scottie *sueña* todo lo que viene después mientras cuelga del canalón, la interpretación del film debe hacerse *como si* los personajes fueran reales a fin de extraer de ellos todo su vigor significativo.

Detrás del obsesivo intento de Scottie por recuperar a Madeleine a través de Judy, pues, no solo hay una voluntad de control masculina, sino también un intrincado nudo de motivos psicológicos y afectivos. Así lo concede Spoto: aunque los impulsos de Scottie son sexuales y dominantes, sus gestos están llenos de miedo. No hay más que ver su nerviosismo cuando aguarda a que Judy regrese de la peluquería donde se ha teñido el pelo para dar el salto final de la mundanidad (la morena Judy) a la fantasía (la rubia Judy). Y no solo discute agriamente con Midge tras ver el autorretrato de sí misma en la guisa de Carlota que su amiga le ha pintado, sino que se sobresalta visiblemente en los momentos en que ve peligrar su relación con Madeleine o teme por la integridad física de esta última. En definitiva, Scottie es un manojo de nervios.

Irónicamente, la secuencia del sueño tiene el significado opuesto. Situada a mitad de película, después de que el *coroner* lo haya absuelto de responsabilidad penal sin dejar de expresar dudas acerca de su culpabilidad moral, la pesadilla de Scottie es una atípica secuencia que combina la imagen ordinaria con los recursos de la animación. Fue diseñada con la ayuda de John Ferren, quien hizo el retrato de Carlota que cuelga de las paredes del museo (y los cuadros que aparecen en *Pero…*

*¿quién mató a Harry?*); para Joe McElhaney, la textura visual de la secuencia recuerda al Disney de *Fantasia* y evoca el arte de Weimar. Si aquí se recurre a la animación, es porque las herramientas de la puesta en escena tradicional no resultan suficientes.

Primero se nos muestra a un Scottie que se agita en su cama; la pantalla se tiñe de un azul intermitente y le vemos mirar un ramo de flores idéntico al que llevaba Madeleine. El ramo se descompone a ojos vista —pasando de la fotografía a la animación— antes de dar paso a una imagen —de nuevo real— que muestra a Elster en compañía de una mujer ataviada como la Carlota del retrato. Podría ser la verdadera esposa de Elster, aunque Scottie no la ha visto jamás y su inconsciente no puede representársela de manera fidedigna. La cámara se fija en ella, mediante un primer plano que se cierra sobre el broche; se nos informa así por adelantado de la resolución final del enigma, ya que ese mismo broche será el que delate a Judy. Scottie camina entonces sobre un fondo negro, mientras la pantalla pestañea en rojo, hasta que a sus espaldas se hace visible el cementerio que Madeleine visitó cuando él había empezado a seguirla. Scottie se precipita al interior de la tumba de Carlota e inicia una vertiginosa caída —vemos su rostro con los ojos abiertos, más curioso que asustado, mientras desciende— que termina con su cuerpo, convertido en una silueta negra, estampado contra el tejado de la misión. Al igual que Madeleine, Scottie ha caído desde lo alto del campanario; la visión acaso anticipa lo que ocurrirá con Scottie después de acabada la película. En su glosa de *Vertigo*, Esperanza Álvarez Castillo no tiene dudas: la muerte de Scottie está prefigurada en el sueño. No estaríamos, pues, ante un final abierto: «El final está rodado y dentro de la película». Es una hipótesis plausible. Pero nadie sabrá nunca si Scottie se tira al vacío siguiendo el camino de Judy.

Lo más interesante de la secuencia, con todo, es su contenido *racional*. Comentaristas tan distintos como Pippin y Levine han señalado que quien protagoniza el sueño es el detective que hay en Scottie, que parece trabajar de manera inconsciente con los materiales de que dispone y trata sin éxito de volver a la realidad. Su inconsciente *sabe* que hay un misterio a la espera de ser resuelto; aquel que Scottie es incapaz de figurarse cuando está despierto. La secuencia termina con un violento despertar que pone a Scottie en el camino del sanatorio; el investigador ha fracasado en su empeño aclaratorio y su duelo adoptará la forma de una melancolía profunda que las visitas de Midge a la clínica no consiguen aliviar. Ya se ha dicho que Chris Marker pensaba que todo lo que sigue a partir de ese punto es una ensoñación del Scottie que se encuentra postrado en la habitación del sanatorio: ¿de qué otro modo podría abandonar su estado catatónico, vencida incluso la amorosa paciencia de Midge?

A la hora de enjuiciar a Scottie, no obstante, reparemos en que forma parte de esa galería de tipos hitchcockianos a los que les pasan cosas porque se encuentran libres de toda ocupación; eso que Trías llama «el hombre disponible». No son pocos: Richard Hannay

en *39 escalones*, L. B. Jeffries en *La ventana indiscreta*, Roger Thornhill en *Con la muerte en los talones*, Mark Rutland en *Marnie*. Durante una conversación con Midge, el propio Scottie se refiere a sí mismo como «the avalaible Ferguson», un eterno soltero sin familia que cuidar y disponible para quien lo reclame; cuando deje de estarlo, rehuyendo sus llamadas y ocupado en oscuros asuntos, Midge comprenderá que algo excepcional ha ocurrido en la vida de su *sweetheart* de antaño. Charles Barr nos recuerda el anuncio radiofónico que oímos al comienzo de *La ventana indiscreta*, protagonizada por otro Stewart «disponible»:

> ¡Hombres! ¿Tenéis ya más de cuarenta años? Cuando os levantáis por la mañana, ¿os sentís cansados y gastados? ¿Experimentáis esa sensación de languidez?

Son frases que bien podrían dirigirse a Scottie, policía retirado que vive solo en las inmediaciones de Lombard Street y que se entretiene alternando con su vieja amiga Midge. El personaje está muy alejado del modelo patriarcal del feminismo; es alguien secretamente angustiado, más bien, por una prolongada soledad. David Thomson escribe que Scottie es desde el principio «un profundo pozo de autoconmiseración»; la película nos lo presenta como alguien que permanece privado de experiencia vital y listo para la aparición rutilante de Madeleine. En su estudio del motivo visual de la escalera en el cine de Hitchcock, Walker atribuye un claro significado sexual al fracaso de Scottie en el ascenso al campanario; uno que tendría que ver con la impotencia o el fracaso amoroso. Durante la larga secuencia que se desarrolla en su apartamento de soltero, donde toma un té con Madeleine, tenemos la oportunidad de imaginar la vida que llevaba Scottie hasta que Elster se pone en contacto con él: un hombre maduro que se adentra en la cincuentena sin trabajo, familia, ni aficiones —su apartamento no da ninguna pista al respecto— a las que dedicar su tiempo. Sobre su mesa, no obstante, vemos un ejemplar de la revista *Swank*, que por aquella época era una publicación que ofrecía consejos vitales para el público masculino, relatos cortos y fotografías de chicas guapas al estilo *pin-up* siguiendo el modelo de la más conocida *Esquire*. ¿Sufre nuestro hombre? No está claro; Scottie parece disfrutar de sus rutinas amistosas con Midge y acaso su vida se desarrolle bajo el signo de un aburrimiento tolerable. Pero su reacción ante la llamada de Elster lo retrata como alguien que se mantenía secretamente a la expectativa: por si algún día llegaba a pasar algo. ¡Vaya si pasa!

Sus circunstancias personales convierten a Scottie en la víctima propiciatoria de Elster, cuyo plan necesita de un varón susceptible de dejarse impresionar por una secuencia de acontecimientos que se ha diseñado para él. Mal podríamos entonces atribuir a Scottie ese «poder y libertad» que constituye uno de los motivos del film; un poder y una libertad que se predican —justo es subrayarlo— de los hombres del *pasado*: el potentado que arruina la vida de Carlota Valdez o los magnates del San Francisco decimonónico. Por el contrario, Scottie perderá su libertad al enamorarse de Madeleine y asistirá impotente a su presunto suicidio; emocionalmente lisiado, con su reputación profesional arruinada, nadie se parecerá menos que él a los patriarcas impunes de antaño. A diferencia del viaje que emprende Roger Thornhill de la inmadurez a la edad adulta en *Con la muerte en los talones*, John Ferguson pasa en *Vertigo* de la melancolía a la desesperación; al hombre disponible más le valdría no haberlo estado.

## DE LO SURREAL A LO TERRENAL

Blanco fácil para los designios criminales de Elster, el taciturno Scottie se sentirá fascinado por una mujer que no existe —la Madeleine ficticia representada por Judy— hasta el punto de desarrollar por ella una pasión enfermiza cuya magnitud solo comprenderemos en la segunda mitad del film, cuando este improbable Pigmalión reconstruya la imagen de su amada para hacerla regresar de entre los muertos. Hablar de «pasiones enfermizas» tiene, no obstante, mucho de pleonasmo; toda gran pasión amorosa, sea cual sea el juicio moral o clínico que hagamos sobre ella, contiene elementos obsesivos o maniáticos. Y aunque convengamos que la conducta de Scottie se pasa de la raya, representa la estilización dramática de una verdad universal: el enamoramiento trae consigo una desorganización vital que tan pronto es gozosa como doliente. Convéngase que ninguna interpretación *literal* de la película sería capaz de sostener una trama tan inverosímil. Pero su verdad poética se impone por sí sola cuando renunciamos a ajustarle el corsé de un realismo ramplón que exige la total correspondencia entre los hechos que se narran en pantalla y el mundo «real» que encontramos al salir de la sala.

Guillermo Cabrera Infante llegó a afirmar, tras su estreno, que *Vertigo* es «el primer gran film surrealista» y «la primera obra romántica del siglo xx». Amparo Serrano de Haro ha defendido esta misma tesis, destacando el empleo de los objetos —el mismo Sarris lo señalaba a finales de los años sesenta y La Polla emparentó a Hitchcock con el *noveau roman* literario— como expresión de las ambivalencias humanas. Por algo ha defendido Edgar Morin en su estudio sobre el medio cinematográfico que los lenguajes del cine y la psicología coinciden a menudo; las películas están construidas a imagen y semejanza de nuestra psique. No es Hitchcock quien inviste a objetos y relaciones humanas de una significación especial, sino los personajes que él mismo pone en danza. Mediante la técnica del punto de vista y con ayuda del montaje se hace partícipe al espectador de las asociaciones mentales establecidas por quienes protagonizan la historia; pensemos en la valencia metafórica del vértigo, en el simbolismo del traje gris de Madeleine, en el adensamiento significativo que se produce cuando la cámara se aproxima al broche que Scottie descubre a través del espejo donde Judy aparece reflejada.

La referencia a la tradición surrealista permite catalogar la desordenada pasión de Scottie por Madeleine como un *amour fou*, ese sentimiento de especial intensidad que raya con la locura y domina por completo a quien tiene la suerte —o desgracia— de experimentarlo. Es así natural que el crítico Peter Wollen haya relacionado *Vertigo* con *Nadja*, la novela de André Breton. Solo ese desbordamiento emocional explica que el desesperado Scottie utilice a la desconocida joven que ha encontrado por la calle para su propósito necrófilo; sin que pueda descartarse que haya intuido en ella un secreto que todavía no sabe descifrar. Claro que un amor loco no puede prolongarse en el tiempo sin adulterarse: por más que Scottie y Judy parezcan haber disfrutado de un periodo indefinido de felicidad después de su primer encuentro sexual, se hace difícil imaginarlos como un matrimonio ordinario que envejece serenamente bajo el sol caliginoso de la Bay Area. Que Scottie descubra el engaño y se precipiten los acontecimientos es coherente con la lógica implacable de la historia y con la naturaleza inflamable de su relación amorosa. El Scottie que se ha desvivido por Madeleine no puede, simplemente, vivir con Judy.

Dicho esto, el amor loco no es la única posibilidad de *Vertigo*. El contrapunto de la pasión destructiva que Scottie siente por Madeleine está representado por Midge, la amiga de los años de universidad que rompió su compromiso matrimonial con Scottie y que ahora —cuando ambos forman una buena pareja de amigos habituales— parece lamentarlo. Hitchcock nos ahorra los detalles, pero puede suponerse que ambos salen a menudo y se visitan con frecuencia; son dos solteros que se hacen compañía tras haber descartado —al menos uno de ellos— enredarse sentimentalmente. Ausente en la novela original, Midge es una valiosa creación del guionista Samuel Taylor, quien trataba de proporcionar a Scottie un anclaje con la realidad y hacer que la historia en su conjunto resultase más verosímil. A Midge la interpreta con destreza Barbara Bel Geddes, a quien Hitchcock —con quien se llevaba muy bien— dio un sencillo consejo cuando le interrogó por el tipo de *performance* que esperaba de ella: «No actúes». Dijo bien: ante la cámara de cine, la apuesta segura es el *underplay*; salvo raras excepciones, quien gesticula pierde.

Midge es un personaje más complicado de lo que parece. La película ofrece de ella, en apariencia, una lectura estándar: cuando Midge sugiere a Johnny —así llama ella a Scottie como prueba de intimidad— que se marche de viaje para olvidar el episodio acrofóbico que ha obligado a dimitir a «ese brillante abogado que había decidido que algún día sería jefe de la policía» (palabra de Midge), este le reprocha que sea tan «maternal». Así que Midge es calificada como maternal antes de que aparezca una Madeleine que representará justamente lo contrario: un erotismo que parece salido de otro mundo. Escribe Cabrera Infante:

La amiga realista y práctica —el único personaje racional de la película— viene directamente de la psicoanalista de *Spellbound*, de la novia de *La ventana indiscreta*: su mundo es el mundo pragmático de la publicidad y la Coca-Cola, su gran ideal es la felicidad doméstica. Al destruirlo, Hitchcock ha escogido la gran pasión romántica, el arrebato y la irracionalidad como metas futuras de su cine.

Este antagonismo se asemeja a la rivalidad que se establece en el cine negro entre la *femme fatale* y la mujer ordinaria, que presenta ante el héroe la disyuntiva entre la vida excitante del criminal en fuga o el honesto tedio del matrimonio suburbial. Y, ciertamente, el aspecto físico de Midge no parece atraer a Scottie; a diferencia de lo que sucede con la glamurosa Madeleine. Puede haber en ello un componente de clase: Virginia Wexman ha hecho notar que la obsesión de Scottie por Madeleine tiene que ver con el dinero; el broche delator no deja de ser un símbolo de riqueza heredada, que la humilde Judy no puede portar de manera genuina. Rebecca Solnit exhibe mayor finura analítica cuando observa que *Vertigo* se parece a *El gran Gatsby* justamente porque *una parte* de la fascinación de Scottie por Madeleine obedece al aparente fulgor aristocrático de esta última. Madeleine parece inalcanzable y la ironía es que la verdadera Madeleine habría seguido siendo inalcanzable para John Ferguson incluso si hubieran llegado a conocerse; la heredera de los astilleros no habría hecho ningún caso al espigado policía.

Aún hay otra ironía en juego: la Judy que hace de Madeleine es una chica de provincias que se siente atraída sucesivamente por el poderoso Elster y por el exigente Ferguson. Cuando Scottie se fija en Judy, vestida de manera vulgar en compañía de sus compañeras

de trabajo, se empeña en transformarla: no la desea en
sí misma, sino como medio para recuperar a la mujer de
sus sueños. Y bien podría decirse que la transformación
de Judy *en* Madeleine constituye el intento por parte de
Scottie —más inconsciente que deliberado— de con-
ferir a la primera el aspecto enigmático de la segunda;
la Judy que exhibe sus formas deja así paso a la Madeleine que las oculta. La pirueta de Scottie consiste en
recrear en Judy el misterio que rodeaba a Madeleine,
olvidándose después de que ha sido él quien ha propi-
ciado esa transformación exterior.

Frente a esos dos consumidores de ficción que son
Scottie y Judy, la terrenalidad de Midge salta a la vista.
Mujer que empieza a adentrarse en la madurez, Midge
se gana la vida como diseñadora de moda y suele trabajar en un apartamento con vistas a la Coit Tower que le
hace las veces de estudio. Midge, que presenta un aspecto algo masculino en contraste con la «feminidad
normativa» de Madeleine, es inteligente, pugnaz y res-
pondona; se ríe de Scottie, lo regaña, lo ve venir. Podríamos deducir que su fracaso sentimental —ella
misma describe su vida amorosa como «normal» en
tono apagado— guarda relación con estos rasgos; al
tratarse de una mujer poco sumisa, ¿no asustará a los
hombres de su época? En todo caso, el aspecto poco
atractivo de Midge compromete de nuevo la tesis de
Mulvey, de acuerdo con la cual la mirada masculina en
el cine clásico «fetichiza» a las mujeres que forman parte de la trama y sirve como referencia inamovible para el
espectador; Midge funciona más bien como un fetiche

negativo, un símbolo del camino que Scottie se resiste a tomar. Ella misma vendría a confirmarlo cuando, durante su última visita al Scottie catatónico que reposa en la clínica tras la primera muerte de Madeleine, le dice entre sollozos que no se preocupe porque «mamá está aquí». Scottie era un niño grande y el mundo —encarnado en una mala mujer— lo ha destruido.

Sin embargo, Midge es un personaje ambivalente. Rebecca Solnit cree que es la única alternativa saludable del film y la relaciona con el aprovechamiento individual de las posibilidades que la bohemia San Francisco ofrecía en aquella época. Podemos imaginar a Midge fuera de campo disfrutando de un concierto de *bebop* o interesándose por el expresionismo abstracto; lejos, por tanto, del ideal de felicidad doméstica que representa a ojos de Cabrera Infante. Recordemos que fue ella quien anuló el compromiso con Scottie, cosa que este último recuerda de manera despreocupada: «Rompiste tú, yo sigo disponible». El tratamiento visual subraya la relevancia que esa decisión tiene en el ánimo de Midge: cuando Scottie pronuncia esa frase, Hitchcock inserta un plano picado sobre ella, quien detiene el movimiento del pincel con que dibuja para mirar fijamente a su exprometido. Se trata de la típica inflexión hitchcockiana que, con los medios más sencillos, consigue transmitir lo que sienten sus personajes. Scottie evoca ese viejo episodio porque, tras haber preguntado a Midge cuándo va a casarse, ella le responde sin acritud —como si no fuera la primera vez que lo dice— que para ella solo hay un hombre y que ese hombre es él.

A esa declaración, el distraído Scottie no le concede ninguna importancia; para él, sencillamente, no la tiene. Y es que Scottie no repara en ningún momento en el efecto que sus palabras o acciones tienen sobre Midge, a la que trata con esa indiferencia que caracteriza a quienes no aman cuando se relacionan con aquellos que los aman. Pippin ve esta falta de empatía como una falta de autocomprensión: ¿no será que Scottie recela de Midge porque Midge sabe que Scottie es emocionalmente inmaduro? Cuando Scottie se sorprende ante el sujetador de diseño cuyo prototipo está sobre la mesa, Midge le dice que debería entender de esas cosas: «Ya eres un *big boy*». Tal vez esa inmadurez sea el motivo por el que ella rompió el *engagement* años atrás y se ha dedicado desde entonces a cuidarlo.

Ingenuamente, Scottie tratará de ocultarle su *liaison* con Madeleine. Y Midge, que se da cuenta enseguida de lo que está sucediendo y se mofa de la historia de ultratumba que su amigo le relata, pintará torpemente un cuadro que la representa como Carlota; un error que Scottie aprovecha para darle la espalda. Siendo una

escena «poco sutil», como pensaba el guionista Taylor, expresa no obstante la impotencia de Midge ante una rival con la que no puede medirse. Midge se ha convertido en un testigo incómodo de la trayectoria biográfica de Scottie; eso explica que Scottie deje de verla cuando se enreda con Madeleine y que ella misma salga dramáticamente de escena —abandonando el sanatorio— antes de que su querido *old man* termine de precipitarse por la pendiente de la neurosis. Taylor lamentaba que Midge no volviese a aparecer; Hitchcock consideraba que el personaje había perdido su utilidad. Y el maestro llevaba razón, ya que su ausencia refuerza el tono claustrofóbico del último tercio de metraje.

En la negativa de Scottie a llevar una vida apacible junto a Midge, sin embargo, no deja de haber algo interesante. Describiéndose a sí mismo como «the avalaible Ferguson», Scottie rechaza formar con Midge una pareja de conveniencia que le permita ahuyentar los dolores de la soledad en la edad madura; por el contrario, se mantiene fiel a la improbable promesa del amor verdadero. Tal expectativa le hace vulnerable ante Elster, a cuya ficción romántica Scottie no sabe resistirse: Madeleine se le aparece como la mujer providencial que da sentido a su larga espera. Pero ni siquiera a la vista las letales consecuencias que acarrea su peripecia podemos decidir por él si ha merecido o no la pena llegar tan lejos: entre las turbulencias emocionales causadas por Madeleine y el refugio ofrecido por Midge, ¿no podría Scottie haber elegido deliberadamente lo primero si se le hubiera ofrecido la alternativa de antemano? Acaso la concepción del amor que tiene Scottie se incline por el arrebato romántico en detrimento de la serenidad conyugal, como si se hiciera eco por anticipado de la pregunta que Sharon Stone dirige a Robert de Niro en *Casino* cuando el mafioso al que interpreta este último pide su mano: «¿Cuántos matrimonios felices conoces?». Dicho esto, Scottie se conduce como un adolescente cuando topa con Madeleine: su apasionamiento puede ser un signo de inexperiencia. Y aún queda otra incógnita, que se refiere a la concepción de las relaciones amorosas —incluidas las matrimoniales— que tenía Hitchcock *himself*.

## PASIONES DESORDENADAS

*Vertigo* lleva así implícito un dilema que ha sido resumido con claridad por Robert Pippin: Hitchcock cree que el amor romántico contiene *necesariamente* un apego irracional, o bien Hitchcock cree que tiene el *potencial* de convertirse en una obsesión neurótica. A su juicio, se trata de lo primero; quizá se equivoca. Al fin y al cabo, *Vertigo* nos habla del amor obsesivo e irracional de Scottie por una mujer a la que apenas conoce; una mujer que termina revelándose como inexistente. Hay quien niega que eso sea amor: Noël Carroll sostiene que Scottie no ama ni a Judy ni a Madeleine; lo que hace es proyectar sobre cada una de ellas una suerte de irrefrenable ansiedad posesiva que solo conduce al desastre.

En su favor puede decirse que hay algo anómalo en el objeto de su amor, ya que en puridad Scottie solo participa en una ficción creada *ad hoc* para encubrir un asesinato. Podría alegarse que el primer fracaso amoroso de Scottie ha sido planeado por Elster, mientras que solo el segundo sería una consecuencia de su obsesión enfermiza por Madeleine. Pero, justamente porque Scottie es capaz de lo segundo, ha podido Elster conducirlo a lo primero. De ahí que nuestro hombre termine hermanado con Elster, como se deduce de sus amargas palabras en lo alto de la torre: «Él te cambió la imagen, ¿verdad? Igual que he hecho yo. ¡Solo que mejor! No solo el pelo y la ropa, sino el aspecto, las maneras, las palabras. ¡Esos falsos trances tan logrados!». Scottie no es Elster; su pasión por Madeleine es genuina. Y él mismo, con la impotencia que padecen quienes tras haber sido abandonados siguen atados a sentimientos que ahora quedarán desperdiciados, se da perfecta cuenta de la magnitud del daño. «I loved you so, Madeleine!», lamentará en la torre con insondable amargura; el uso del pretérito lo dice todo. Cuando Judy alega que si ella se ha dejado encontrar y transformar es porque lo ama, dando a entender que su relación es factible todavía, el triunfante detective —ha descubierto el complot— se muestra reacio: «Es demasiado tarde; no hay manera de recuperarla». Judy se echa en sus brazos; ambos se besan con urgencia; la resistencia de Scottie parece desmoronarse. Si está contemplando la posibilidad de amar a Judy *a sabiendas* de que es Judy, convirtiendo así un vínculo patológico en una relación afectivamente saludable, el azar tiene otros planes: la monja que emerge de las tinieblas provoca la muerte de Judy. Cabe entender este giro final como un comentario sardónico de Hitchcock; al sellar el destino trágico de Scottie, el realizador estaría negando la posibilidad de una relación amorosa libre de pulsiones destructivas. El breve periodo de felicidad que ambos han disfrutado tras completarse el desnudamiento de Judy —cuando accede a peinarse como Madeleine— se ha demostrado ilusorio. De manera que McKittrick tendría razón:

> Hitchcock se mostraba despectivo con las películas que insistían en los inverosímiles alineamientos del romance heteronormativo, procediendo siempre a tratar el amor romántico como peligroso, enraizado en el engaño o la traición, inestable, condicionado, o como un fracaso de la imaginación.

Así piensan asimismo quienes, como Alexander Doty, sostienen que los films de Hitchcock nos presentan una heterosexualidad *queer* en la que se someten a crítica los roles tradicionales de género típicos del amor romántico. Ciertamente, hay donde elegir: el posible esposo criminal de *Sospecha*, los acentos homosexuales de *La soga* y *Extraños en un tren*, la oscuridad moral de *Encadenados*, los violentos desajustes de *Marnie*, las infidelidades sistemáticas de *Topaz*, las esposas que unen por las muñecas a dos desconocidos y connotan el aprisionamiento en *39 escalones* (tema que reaparece en *Matrimonio original*), la reducción a un estado catatónico de la adulta mimada que se enamora del hijo ejemplar en *Los pájaros*, las psicopatías sexuales de los asesinos de *Psicosis* o *Frenesí*. Pero sería injusto pasar por alto que en la filmografía de Alfred Hitchcock, quien con tanta frecuencia puso el nacimiento de un romance en el centro de sus tramas, existe la posibilidad del amor feliz; lo encontramos en los jóvenes protagonistas de *Inocencia y juventud*, en la pasión imprevista que surge entre Eva Marie Saint y Cary Grant en *Con la muerte en los talones* (a pesar de que la primera ha engañado al segundo), en la relajada procacidad del matrimonio que forman Barbara Harris y Bruce Dern en *La trama* o, en fin, en esa extraña pareja que componen Paul Newman y Julie Andrews en *Cortina rasgada*. Hay mucho donde elegir.

En cuanto a la institución matrimonial, el paisaje es también variado. Puede ser apacible como el de los pa-

dres de Teresa Wright en *La sombra de una duda*, generar impulsos criminales contra la esposa infiel en *Crimen perfecto*, combinar la apariencia de dicha familiar con fuertes tensiones subterráneas en la segunda versión de *El hombre que sabía demasiado*, ser destruido por los acontecimientos externos en *Falso culpable* o verse amenazado por la poderosa sombra del pasado en *Atormentada* y *Rebeca*. Por último, Hitchcock puede solazarse en el comentario irónico: una vez que la resistencia al compromiso del reportero interpretado por James Stewart en *La ventana indiscreta* ha sido vencida por Grace Kelly, modelo de pasarela que ha demostrado tener las cualidades morales —audacia, curiosidad— que él echaba en falta inicialmente en ella, las cosas vuelven a la normalidad; Stewart se encuentra inmovilizado por una fractura en las dos piernas y su prometida aprovecha la siesta para abandonar sin miramientos un libro sobre el Tíbet y reemplazarlo por un ejemplar de *Harper's Bazaar*. Nadie cambia; las diferencias entre sexos y entre personas subsisten; los conflictos no pueden resolverse. De ahí no se sigue necesariamente que el amor sea, siempre y en todo caso, espejismo o patología; pese a que en *Vertigo* no deje de ser ninguna de esas dos cosas en —casi— ningún momento.

En todo caso, *Vertigo* es la historia de un apasionado romance que solo durante unos breves momentos insinúa la posibilidad —arruinada por el broche— de la derivación conyugal. Scottie es un hombre virginal fascinado por la imagen de una mujer de la que se enamora enseguida; una fijación que ha sido inducida con propósitos criminales por Elster a través de una cuidadosa escenificación. Cuando cae bajo el dominio de Eros, Scottie pierde el control de sí mismo; no es el primero, ni será el último. Este accidente emocional le impedirá comportarse profesionalmente e incluso pensar con la claridad necesaria; no se entiende de otro modo —lo ha apuntado Susan Levine— que Scottie pase por alto la infidelidad de Madeleine, que los convierte a ambos en traidores de la confianza de Elster. Habrá quien atribuya al modelo patriarcal del amor romántico el desorden moral en que cae Scottie a consecuencia de su enamoramiento; razonar de esa manera supone ignorar que hay algo en las relaciones sexuales y amorosas que es a la vez impredecible e ingobernable. Camille Paglia lo expresó así hace años:

> El erotismo *es* mística, esto es, el aura de emoción e imaginación que rodea al sexo. No puede ser «fijado» por códigos de corrección social o moral, ya vengan de la izquierda o de la derecha. Y es que el fascismo de la naturaleza es mayor que el de cualquier sociedad. Hay una inestabilidad demónica en las relaciones sexuales que quizá no tengamos más remedio que aceptar.

¿Qué otra cosa podemos hacer? No siempre hay un malévolo Elster detrás de los encuentros —heterosexuales u homosexuales— que acaban mal; hablar de pasiones humanas es hablar de una contingencia que se convierte en necesidad para quienes las viven, limitando su capacidad para decidir con serenidad entre cursos de acción alternativos. Scottie pasa a ser un patético vagabundo, un pedigüeño que busca emociones vicarias y padece alucinaciones cuando visita los escenarios de su brevísimo amor; lo peor de todo es que no puede evitarlo. Marian Keane reprocha con razón a Mulvey que nos presente a un Scottie en posición de poder; su trayectoria está más bien llena de impotencia. En ese sentido, planteando un argumento más amplio en relación con la figura del asesino en las tramas hitchcockianas, Edward White ha señalado que

> el denominador común entre los asesinos de Hitchcock no está en sus víctimas —pues no todas son mujeres— sino en la destructividad masculina, una aberración emocional con la que Hitchcock se sentía conectado y que quizá sentía en su interior, pero nunca comprendió del todo.

No sabemos cómo sabe White lo que sentía Hitchcock sobre la destructividad masculina; parece más prudente sugerir que su compatriota *podría* simpatizar con esa destructividad. Aunque también eso es cuestionable, ya que la descripción artística de conductas masculinas destructivas no es prueba de cercanía emocional ni de adhesión intelectual; tal vez solo se trate de las historias *más interesantes*. Y siendo válida la primera parte de la observación de White, en el caso de *Vertigo* hay que distinguir con cuidado entre el asesino y sus víctimas: mientras que Elster no se destruye a sí mismo, sino todo lo contrario, Scottie padece primero las consecuencias del plan de Elster y después completa su ruina actuando en solitario. En abierto desafío a un código industrial de autocensura que ya empezaba a debilitarse, Hitchcock castiga a la víctima y salva al criminal; aunque llegó a rodar una escena en la que Scottie y Midge se enteraban por la radio de la detención de Elster en el extranjero, el realizador logró mantener la cualidad abierta del final que hoy conocemos sin necesidad de impartir lecciones postizas de moralidad.

Semejante epílogo habría arruinado la ambivalencia que define el plano final de la película, que nos muestra a Scottie contemplando el cadáver de Judy sobre los tejados de la misión. Sin disponer de información adicional, el espectador es libre para especular acerca de su destino. Donald Spoto cree que Scottie saltará, emulando así al desesperado Aldo de *Il grido*, el film de Antonioni en el que un buscavidas cae al vacío desde la torre de una fábrica; ya se ha dicho que Esperanza Álvarez entiende que este desenlace está prefigurado en la secuencia onírica. Por el contrario, Robin Wood sostiene que Scottie se cura porque ha vivido una segunda experiencia traumática, posibilidad que los médicos ya le habían anunciado y que él mismo discutió con Midge. Pero el guionista Samuel Taylor se inclina por pensar que el incidente lo conduce de manera definitiva a la locura.

Es el mismo Taylor quien aclara que no hay nada simbólico en la monja que irrumpe en la torre; el siempre pragmático Hitchcock juzgó que era lo único que podía asustar a Judy en una situación tan peculiar sin vulnerar —no demasiado— las normas elementales de la verosimilitud. Y si bien el recurso a esta *monacha ex machina* pueda antojarse forzado, su irrupción en la historia sigue una implacable lógica poética; la intensa pasión de Scottie y Judy se encuentra atravesada por tal cantidad de turbiedades morales, sostenida en última instancia sobre un asesinato, que no puede ya conducir a una relación amorosa convencional expurgada de todo pecado. Incluso podría interpretarse que la súbita monja es una irrupción temprana de ese pasado criminal: el castigo que persigue al delincuente. Tal como ha señalado Mark Roche, la película trata en buena medida del efecto del pasado sobre el presente, un efecto trágico que destruye cualquier posible futuro. Como si así lo presintiera, Judy no se limita a besar despreocupadamente a Scottie, sino que mientras lo hace deja los ojos abiertos y mira en dirección a la trampilla que da acceso al campanario.

Pero Judy no existe; tampoco Madeleine. ¿A quién besa Scottie, con un gesto arrebatado que parece insinuar la continuidad del romance? ¿A la Judy que ha resultado ser Madeleine o a la Madeleine que ha construido Judy? ¿Y de qué manera afecta esa indeterminación espectral a su propia identidad, que en el curso de toda la película se ha definido en relación con Madeleine? El entramado ficcional que había venido motivando las acciones de Scottie se ha venido abajo; con la muerte de Judy, la realidad se impone definitivamente sobre la fantasía.

# 4

## FICCIONES FATALES

*Vertigo* no solo ha resistido el paso del tiempo, sino que se ha sobrepuesto a él y luce más viva que nunca. A nosotros, sus espectadores, nos toca mantenerla a salvo de cualquier dogmatismo. Ya se ha dicho que la lectura feminista del film, tal como corresponde a una obra esencialmente equívoca y dotada de una gran riqueza semántica, no es la única posible. Aun tratándose de una contribución valiosa que tiene el mérito de estimular la reflexión sobre aspectos concretos de la obra, su interpretación dista de ser concluyente. Y lo mismo vale para el psicoanálisis, que impone al comentarista un rígido corsé hermenéutico del que uno no puede desembarazarse ni un momento.

Veremos a continuación que la propia Judy puede juzgarse de manera muy distinta a como lo hacen la teoría feminista y el propio psicoanálisis: no como la víctima de los designios ajenos, sino como una mujer dotada de voluntad propia que se coloca en el centro mismo de la película. Incluso la transformación de que es objeto —convirtiéndose dos veces en Madeleine Elster— está atravesada por la ambigüedad, ya que en modo alguno puede descartarse que ella *quiera* transformarse. O que, habiéndolo hecho a regañadientes, no descubra por el camino posibilidades imprevistas de autorrealización personal. ¿Acaso Judy no se ha enamorado de Scottie, razón por la cual permanece en San Francisco con el secreto deseo de volver a verlo? Ambos son partes perjudicadas solidariamente por una pasión recíproca.

Además de estudiar a fondo el protagonismo de Judy, este último capítulo se ocupará del papel que desempeñan en el desarrollo del film las *ficciones* tejidas alrededor de sus protagonistas; aspecto que la literatura ha desatendido hasta el momento. Judy es, claro, determinante; sus sucesivas encarnaciones de Madeleine introducen en la narración a una figura artificial, que Elster ha creado sobre la base que le proporcionan su auténtica esposa y algunas pinceladas de la historia local. Pero es que la propia ciudad es presentada en la cinta con arreglo al relato oficial de la época, que de nuevo tiene más de ficción que de realidad: un enclave nacido de la Fiebre del Oro, donde el pasado hispano se hace pasar por irrelevante. También el psicoanálisis es denunciado en *Vertigo* como una suerte de ficción inútil o peligrosa que promete aquello —la curación de los problemas psíquicos— que no puede lograr. Aunque Hitchcock había mirado con mejores ojos la terapia freudiana, a estas alturas de su carrera se mostraba ya poco dispuesto a concederle crédito, pese a haberse hecho por aquel entonces popular en la cultura de masas estadounidense.

Finalmente, claro, hay que fijarse en Gavin Elster. Se trata del principal creador de las ficciones que destruyen a Scottie; es el verdadero autor en la sombra de casi todo lo que vemos en pantalla, al menos hasta que él mismo desaparece y las que habían sido sus marionetas traban contacto entre sí. Será entonces Scottie quien intente recrear a Madeleine, sin saber que jamás existió o que solo existió para él. Y aunque el detective conseguirá persuadir a Judy de que represente ese papel, ignorando que es la segunda vez que lo hace y que tiene delante una ficción dentro de una ficción, provoca con ello un desenlace que termina con ambas —Madeleine y Judy— borradas de la faz de la tierra. Cuando acaba la película, solo el abismo es real.

## LO QUE JUDY SABÍA

La secuencia crucial de *Vertigo* es aquella en la que Hitchcock ejecuta una arriesgada maniobra de dislocación del punto de vista e informa al espectador de que todo lo que ha visto hasta el momento es el producto de una ficción organizada por Elster para matar impunemente a su esposa. ¡La película se da la vuelta! Averiguamos con un sobresalto que Judy *era* Madeleine; la joven interpretaba el papel de la esposa neurasténica bajo las órdenes de Elster y, mientras lo hacía, cayó enamorada de Scottie. Así que Judy se ha vinculado pasionalmente a él con tal intensidad que permanece en la ciudad tras consumarse el crimen; ni siquiera cuando tiene la maleta a medio hacer tras haber sido descubierta —aunque todavía no desenmascarada— tomará el camino de la estación. Preferirá seguir fingiendo y se entregará a un nuevo papel: el de una chica cualquiera que se presta al extraño juego que le propone un desconocido. Aunque no es eso lo único que comunica la secuencia, que tiene la audacia de colocar en el centro del relato a un personaje que hasta ese momento ni siquiera existía.

Hemos visto a Scottie peregrinar por los lugares que jalonaron su relación con Madeleine, confundiendo a esta última con las mujeres que ahora los transitan: Ernie's, el museo, la floristería. Al levantar tristemente la mirada del escaparate de Podesta Baldocchi, situada en los aledaños de la céntrica Union Square, Scottie divisa a un grupo de tres amigas en cuyo centro —ataviada con un llamativo vestido verde— hay una chica que guarda un innegable parecido con Madeleine. Scottie quiere asegurarse de que no sufre otra alucinación; por eso se la queda mirando y Hitchcock la muestra de perfil, en un plano idéntico a aquel con el que Madeleine se exhibía ante Scottie junto a la barra de Ernie's. Haciendo otra vez de inspector de policía, Scottie sigue a la chica de verde mientras regresa a casa; trabaja en el elegante centro de la ciudad sin poder permitirse vivir en él. La desconocida entra en el modesto hotel Empire, situado en el barrio de Nob Hill, que no era precisamente chic durante los largos años de decadencia urbana que siguieron a la destrucción provocada por el terremoto que asoló San Francisco en 1906. Cuando la cámara se eleva, la vemos abrir una ventana a la altura del cuarto piso; un contraplano exhibe la turbación de

Scottie. Sabemos que terminará por subir, y eso es lo que hace; lo vemos correr hacia la puerta del establecimiento y, luego, aparecer al fondo de un pasillo; sobre él, nota irónica de Hitchcock, cuelga un cartel que pone «Salida de incendios». Scottie llama a la puerta; la chica abre y lo mira sin delatar emoción alguna. Sigue un intercambio verbal; Scottie explica que su nombre es John Ferguson y que solo quiere hacerle algunas preguntas; ella se resiste y pregunta por qué. Scottie es sincero: «Porque usted me recuerda a alguien». Ella le espeta que es un truco muy gastado para seducir a desconocidas, aunque termina por ceder y la alternancia de planos medios deja paso a una imagen de cuerpo entero de Scottie adentrándose en la habitación, mientras Judy retrocede hasta tropezar con la cómoda y aferrarse al teléfono con las manos a la espalda: como si una llamada —¿a quién?— pudiera salvarla.

Las preguntas que hace Scottie a esa joven desconocida —cuánto tiempo lleva allí, dónde vivía antes— resultan desconcertantes; apuntan hacia una verdad recóndita que ni el personaje ni el espectador intuyen

todavía. Tal vez Scottie no ha podido olvidar a Madeleine porque *intuye* que Madeleine no ha muerto. Cuando la chica le pregunta qué quiere, Scottie plantea un interrogante premonitorio: «Solo quiero saber quién eres». Ella le repite que se llama Judy Barton y que es de Salina, Kansas; que trabaja en los almacenes Magnin & Co.; incluso le enseña su carnet de conducir. Scottie la contempla incrédulo: no puede ser tan sencillo. Y tiene razón; no lo es. Judy le da la espalda y se pone frente al espejo de la habitación; otra vez el espejo. Ahora vemos a Scottie de espaldas y a Judy, reflejada en el cristal, mirándolo; se hace un breve silencio y ella le comenta que tiene aspecto de haberlo pasado mal con esa mujer a la que ella le recuerda. «¿Realmente me parezco?», inquiere, dándose la vuelta. Scottie asiente; Judy, al preguntarle si la mujer ha muerto, delata que conoce la verdad; más tranquila, se disculpa por su enfado inicial. Cuando se dispone a salir, Scottie repara en dos fotografías en blanco y negro que reposan sobre la cómoda. La joven explica que en una de ellas aparece su padre, que murió, y en la otra su madre, que volvió a casarse: «No me gustaba el tipo, así que me fui a la soleada California». Se trata de una rara pista sobre la interioridad de Judy; podemos adivinar el hogar roto y la falta de una figura paterna, circunstancias que acaso expliquen su oscura relación con Elster. Pero Scottie no puede marcharse sin más; abandonar el hotel equivale a caer de nuevo en una resignación sin horizontes. No le queda más remedio que girarse e invitarla a cenar. «¿Es porque le recuerdo a ella?», pregunta Judy. Scottie lo niega; ambos

saben que es cierto: la invita porque se parece a la otra.
Y aunque Judy accede a hacerle compañía, está pensando
en marcharse. No será capaz de hacerlo.

Hitchcock planifica el tramo restante de la secuencia con su reconocida habilidad. Vemos la puerta que se
cierra detrás de Scottie; la cámara se desplaza hacia la
izquierda, mostrándonos por detrás el pelo parcialmente
recogido de Judy, con lo que se sugiere por unos instan-
tes su identidad por analogía con el pelo parcialmente
recogido de Madeleine. Judy se da lentamente la vuelta,
poniéndose frente a la cámara y mirando por encima
del objetivo; su rostro expresa aflicción, la estancia se
oscurece. Hay un fundido y de pronto tenemos delante
la torre del campanario; vuelve a desarrollarse —en una
versión abreviada— la persecución de Madeleine por
Scottie. ¡Es ella la que recuerda! Otra vez los vemos
entrar, uno detrás del otro, en la iglesia. La diferencia es
que esta vez no nos quedamos con él a mitad de escalera, sino que seguimos a Madeleine hasta la torre, donde
Elster espera con el cadáver de su esposa entre los brazos; la falsa Madeleine chilla sin poder evitar que Elster
arroje al vacío lo que queda de la verdadera Madeleine.
Para evitar que Scottie la oiga gritar, Elster empuja a
Judy hacia una esquina mientras le tapa la boca con las
manos. Se insinúa en esta escena una negra simetría:
Elster sostiene el cuerpo exangüe de su esposa antes
de arrojarlo al vacío de una manera parecida a como
Scottie llevaba hasta su coche el cuerpo extrañamente
rígido de Madeleine —cadáver postergado— tras res-
catarla de la bahía. Fin del *flashback*, volvemos con Judy;

comprendemos que ha *representado* a Madeleine. Por eso empieza a hacer el equipaje con aire cariacontecido, recogiendo sus vestidos del armario y deteniéndose en el traje gris que llevaba puesto el día en que se consumó la mascarada; encima del cabecero de la cama asoma un cuadro donde está pintado un ramo de flores similar al que aparecía en el sueño de Scottie.

Sentada al escritorio, Judy comienza a redactar una carta con la que quiere delatarse y despedirse; una carta que conmociona al espectador novel sacando a la luz aquello que había quedado fuera de campo durante la primera parte. Hasta ese momento solo hemos abandonado a Scottie de manera ocasional para ponernos brevemente en la piel de Midge; nunca hemos estado a solas con Judy. No leemos la carta, sino que oímos la voz de la joven mientras la escribe. Es como si ella nos la leyese; la cámara nos la muestra inicialmente de perfil y en plano medio; Hitchcock emplea un inserto de sus manos sobre el papel para pasar a un primer plano que corrige ligeramente el ángulo y que nos aproxima psicológicamente a Judy. La cámara no se detiene, desplazándose poco a poco a la derecha en una trayectoria que oculta por un momento el rostro de Judy al cruzarse con una lámpara de mesa. Lo extraordinario es que la posición en la que terminamos ese recorrido, emplazados frente a Judy, es imposible; al estar ella escribiendo en una mesita situada delante de la pared, la cámara no tiene espacio para colocarse donde lo hace. Debido a la densidad dramática de la escena, el espectador no repara en tal incongruencia espacial.

En su carta, Judy explica a Scottie que *deseaba y temía* el momento de volver a verlo, añadiendo que por fin ella puede dejar la ciudad y él abandonar su búsqueda: «Quiero que tengas paz de conciencia —escribe—. Yo fui el instrumento y tú fuiste la víctima del plan de un hombre para matar a su esposa». O sea, Scottie tenía que hacer de testigo involuntario de un crimen, a partir de una historia —la de Carlota— que mezclaba realidad y ficción con objeto de hacer creíble la posibilidad del suicidio de la esposa perturbada; Elster conocía la acrofobia de Scottie y contaba con que jamás alcanzaría la torre del campanario. Pero es más elocuente lo que dice la carta sobre la propia Judy; Elster la eligió por su parecido con la esposa, que pasaba la mayor parte del tiempo en la casa de campo y apenas iba a la ciudad; solo necesitaba «vestirla como ella». Judy no explica por qué se dejó hacer, y se limita a aclarar que fue ella quien cometió el error de enamorarse de Scottie. «Eso no estaba en el plan», escribe. Dicho de otra manera, la realidad se había entrometido en la ficción. Si tuviera el valor necesario, sigue Judy, se quedaría para intentar «que me amases de nuevo tal como soy por mí misma, para así olvidar a la otra y olvidar el pasado». Entonces la vemos ponerse en pie, dudar, romper la carta en pedazos; ha decidido que intentará lo imposible.

Su plan es ambicioso: quiere que Scottie, obsesionado con Madeleine, aprenda a querer a Judy. Solo así podrá olvidar a Madeleine y dejar atrás los acontecimientos traumáticos que lo han dejado emocionalmente lisiado; solo así será suyo de nuevo. Cuando vuelve a poner los vestidos en su sitio, Judy desplaza el traje de chaqueta gris de Madeleine —potencial delator de su verdadera identidad— al fondo del armario. O sea, está dispuesta a conquistarlo siendo ella misma. La secuencia se cierra con una imagen de la joven, parada en el centro de la estancia, abrazando el vestido lila que ha elegido para la velada posterior y que constituye una marca de identidad de Judy *por oposición a* Madeleine. Un fundido nos devuelve a Ernie's, donde comienza —apenas quedan veinte minutos de película— su nueva relación con Scottie.

La aparición de Judy transforma por completo la película. Una de las reglas de oro del suspense hitchcockiano reza que el espectador debe recibir más información que los personajes; una conversación entre dos personas en una cafetería, razonaba, se convierte en algo por completo distinto si el público sabe que hay una bomba debajo de la mesa. Después del *flashback*, sabemos algo que Scottie ignora; hasta ese momento hemos sido engañados igual que lo ha sido él. Acostumbrados a mirar a través de sus ojos, experimentamos en lo sucesivo una mezcla de curiosidad y angustia, ya que ignoramos cuándo conocerá la verdad y de qué manera reaccionará ante ella. Por añadidura, los mecanismos de identificación —como señala José María Carreño— se complican: ¿cuál de las dos víctimas de Elster nos inspira más simpatía? ¿Scottie o Judy? ¿Y qué hay de la esposa muerta?

Todo parece indicar que Hitchcock ejecuta aquí una de sus maniobras predilectas; nada nuevo bajo el sol del suspense. Resulta por ello sorprendente que la escena provocase tal disenso entre los creadores del film. Así, el guionista Samuel Taylor lamentó la pobre calidad de una secuencia que, una vez revisada años después, le pareció escrita de manera «inepta»; vendría a demostrarlo el uso de una voz en *off* de carácter explicativo. Taylor era partidario de incluir la confesión de Judy; lo que no acababa de convencerlo era que se hiciese de ese modo. De acuerdo con los archivos consultados por Aulier, la escena de marras no se incorpora a la cinta hasta el último montaje; según McGilligan, el *flashback* estaba en el preestreno que se hizo en San Francisco el 9 de mayo antes del lanzamiento nacional del film. Hitchcock tenía sus dudas y presionó al productor Herbert Coleman para que la eliminase, proyectando ante sus colaboradores un montaje que la excluía y provocando una intensa discusión en la que se encontró inesperadamente en minoría; el Taylor de aquel entonces, Coleman y su estrecha colaboradora Joan Harrison defendían su inclusión. Hitchcock impuso su criterio y llegaron a imprimirse quinientas copias *sin* la confesión de Judy; al saberlo, el jefe de la Paramount en Nueva York —Barney Balaban— hizo saber que prefería la versión proyectada en San Francisco. He aquí un choque entre pesos pesados que, como tantas veces en la historia de los estudios, caía del lado de los ejecutivos de la Costa Este.

De manera que Hitchcock cambió de parecer y accedió a que la versión final incluyera la escena que hoy conocemos; es posible que influyera la opinión de su esposa, que había regresado del hospital el 25 de abril de ese año. Se ha sugerido asimismo que Lew Wasserman, agente por igual de Hitchcock y Stewart, habría podido presionar al primero con el fin de suavizar la imagen del segundo. Wasserman se equivocaba; Scottie no sale favorecido en esa trama alternativa. En sus intercambios privados con Charles Barr, el guionista y crítico David Pirie ha señalado que la versión que Hitchcock prefería —una en la que Judy no se confiesa ante los espectadores y solo es descubierta cuando Scottie descubre el broche— habría prestado a Scottie una tonalidad mucho más oscura, ya que lo habríamos visto transformar a Judy sin que el espectador supiera que Judy *era* Madeleine. En lugar de *devolver* a Judy al papel de Madeleine, nos habría parecido que Scottie *creaba* una versión de Madeleine manipulando a una desconocida. ¡Que es lo que *cree estar haciendo* Scottie! De haberse tomado este camino, la sorpresa del espectador ante la revelación final habría sido aún mayor y hubiera coincidido con el descubrimiento de Scottie. Para Barr, en cambio, la información que suministra el *flashback* es imprescindible. Cautelas al margen, la supresión de esta secuencia habría mantenido a Judy en un papel secundario, impidiendo que el espectador revalúe todo lo que ha visto hasta ese momento y privándola a ella misma de personalidad propia. Ni que decir tiene que lo ideal sería disponer de las dos versiones del film a fin de poder compararlas; solo entonces, tal vez, saldríamos de dudas.

Vanidad de vanidades: Hitchcock explica a Truffaut que la decisión de incluir la escena fue suya. Su argumentación es elocuente: el problema de la novela reside en que la identidad de las dos mujeres —Madeleine y Judy— solo se revela al final. Cuando la primera fallece, señala, lo que empieza es una historia diferente que debe captar la atención del espectador. El director inglés dice que adoptó el punto de vista del niño al que su madre le está contando un cuento y que no para de preguntarle a esta *qué viene* después; resulta que en la novela *nada* venía después. Por eso, dice, era necesario sacarlo todo a la luz; solo así podía crearse una situación de suspense. ¿Cuándo y cómo descubrirá Scottie la identidad de Judy? ¿De qué manera reaccionará cuando lo haga? ¿Y cómo actuará ella? Así que por medio de la famosa entrevista se eliminaron de la versión oficial las dudas del propio Hitchcock sobre la pertinencia de esta escena; privilegio de *auteur*.

## ACCIDENTES EMOCIONALES

Recapitulando: el *flashback* proporciona a Judy una entidad dramática inesperada que cambia la posición de las distintas piezas del film en relación con las demás. Eugenio Trías sostiene que Judy se convierte así en el verdadero sujeto de la narración, pues ella es quien le confiere sentido «desde su abrupta irrupción como detentadora de la verdad objetiva de lo que se nos está mostrando en imágenes a través de los ojos del detective Scottie». En otras palabras, a través de Judy abandonamos el punto de vista «emotivo» que, según el propio Hitchcock, domina la película. Cuando la cámara deja salir a Scottie de la habitación del hotel Empire y se queda con Judy, un golpe de realidad derriba la red de ficciones que ha maniatado a nuestro héroe y que nos ha arrastrado con él.

Haríamos mal en olvidar, sin embargo, que Judy *también* es una «emotiva». Aunque su testimonio da un sentido distinto a la primera parte del film, la joven se ha dejado asimismo llevar por una pasión inconveniente. Mientras interpretaba a otra mujer, se ha enamorado *de* Scottie y ha enamorado *a* Scottie. ¡Ahora bien!, la mujer sobre la que ha gravitado la atención del público no existe; o solo ha existido mientras una actriz la recreaba. Por mucho que pueda parecérsele, la Madeleine de Scottie no es la esposa de Elster, sino una creación de Elster a la que Judy da vida; una ficción que la imaginación de Scottie completa a partir de los signos que tenía a mano. Nunca vemos a la Madeleine *real*, y la

Madeleine *actuada* que pasa por auténtica a nuestros ojos tiene mucho de fantasía, porque así la ha concebido Elster: una mujer de clase alta, dotada de una arrebatadora belleza, que camina al son de los violines y que sueña con ancestros de la época colonial. Es natural que Scottie desee salvarla; su embelesamiento es el nuestro.

La secuencia que tiene lugar en la modesta casa del expolicía es determinante para explicar el accidentado desarrollo del romance entre Scottie y Judy. Su encuentro está atravesado por la mentira, ya que ella —por más que Scottie así lo crea— no es Madeleine; tampoco él dice la verdad sobre sí mismo, aunque Judy sabe perfectamente cuál es. Aun así, la puesta en escena de Hitchcock logra hacer manifiesta la atracción mutua; si comparten té y confidencias en la intimidad del apartamento es porque Judy ha simulado el intento de suicidio de Madeleine y Scottie la ha desnudado —no es cualquier cosa— antes de meterla en la cama y poner su ropa a secar. Fue la secuencia cuyo rodaje exigió más jornadas de trabajo y no es de extrañar, tan sutilmente logra transmitir información al espectador. Scottie está turbado, pues cree haber salvado a Madeleine de morir ahogada y para colmo le ha quitado la ropa; Madeleine debe interpretar a una alienada que no recuerda haberse tirado al mar y mientras tanto se siente atraída por Scottie. Para Susan Levine, lo que se deduce de ahí es que Judy merece poca confianza; aun siendo Elster una figura abyecta, el caso es que Judy se interesa por Scottie cuando trabaja a sus órdenes. Scottie no sabe aún nada de eso; el intercambio de pareceres y miradas entre ambos desvela una creciente intimidad: la ficción fatal de Elster empieza a funcionar.

Descendamos a los detalles: tras un plano de situación que nos enseña la casa desde el exterior, con su famosa puerta roja al frente, un fundido nos lleva al salón en el que Scottie atiza el fuego de la chimenea; cuando se sienta en el sofá, la cámara se desplaza hacia la izquierda y vemos la ropa de Madeleine secándose en la cocina; ella duerme en la cama del virginal inspector jubilado. La oímos murmurar, como en un delirio; Scottie se aproxima a la puerta y entonces suena el teléfono, lo que le obliga a entrar en la habitación a toda prisa para evitar que Madeleine se despierte. Mientras contesta en voz baja, un corte nos muestra a Madeleine despertando —o fingiendo hacerlo— de forma brusca y girando la cabeza en dirección a Scottie. A este lo vemos hablar con Elster y mirando a una Madeleine que de repente nota, con un breve movimiento de los ojos, que está desnuda bajo las mantas; ¿se turba esa joven actriz que es Judy, como si por un instante se viera superada por las exigencias del papel que interpreta? Scottie le señala la bata roja que está sobre la cama: «Querrá usted esto». La cámara contempla la escena desde el fondo del dormitorio; Scottie deja la bata en manos de Madeleine y sale, cerrando la puerta. A continuación, desde una distancia similar, lo vemos entrar en el salón y detenerse en la cocina antes de llevar una taza a la mesa. Sigue un corte; Scottie está de perfil en plano medio, su figura destacándose en la semipenum-

bra, cuando se abre la puerta del dormitorio. Mira en
esa dirección; a media distancia se encuentra Madeleine, ataviada con la fina bata roja del detective, con-
templándolo en silencio. El efecto es intenso; Scottie la
mira, sonríe ligeramente y le pide que se acerque al fuego. Madeleine, hermosísima, simula o siente un desconcierto que vence aproximándose a Scottie —como
se le acercará Judy en el hotel, envuelta en la niebla verde, vestida como Madeleine— y preguntándole con su
voz grave qué hace ella en su casa. Scottie le explica que
se cayó a la bahía de San Francisco y ambos se acercan
en paralelo a la chimenea; la cámara se mueve con ellos.
Haciendo de Madeleine, Judy lo mira con fijeza, como
si se sintiera conmovida ante un hombre que no duda
en lanzarse al agua para salvarla, pese a que el episodio
estaba previsto en el libreto de Elster. Scottie deja caer
dos cojines sobre la alfombra; Hitchcock los resalta con
un primer plano, dotándolos de fuerza erótica. Y Madeleine mira fijamente a quien le dispensa unos gestos

de sincera cortesía que —suponemos— no ha conocido antes.

«¿Me caí al agua y usted me salvó?», pregunta mirándolo desde el suelo. Scottie la somete a un amable interrogatorio durante el que Judy parece seguir el guion al dedillo. No se limita a decir que estaba vagabundeando por Fort Point, donde le gusta ver el atardecer, sino que quiere saber qué hacía él en ese mismo lugar. «Oh, just wandering about», responde Scottie, usando la misma expresión que ella, «vagabundear». Madeleine juega al despiste, contándole que le gusta el palacio de la Legión de Honor pero *nunca* ha entrado en el museo… Scottie le ha dado las horquillas que llevaba en el pelo cuando la metió en su cama; Madeleine empieza a ponérselas y mientras lo hace discurren sobre el hecho de que Scottie la haya llevado a su casa; la vemos en un plano medio, joven y radiante, diciéndole al hombre de mediana edad que tiene enfrente que se alegra de lo sucedido; de otro modo, explica, no habría llegado a conocerlo. Scottie debe de sentirse halagado; de eso se trataba. Siguen las presentaciones: «Debería llamarle señor Ferguson». Scottie es franco sin quererlo: «Después de lo sucedido esta tarde, debería llamarme Scottie, o incluso John». ¿Se refiere al suicidio o más bien al desnudamiento? Las ambigüedades no terminan aquí: Madeleine le pregunta —los dos están ahora en el mismo plano visual— si vive solo y, ante la respuesta afirmativa de Scottie, ella replica que «no se debe vivir solo». Scottie objeta que algunos lo prefieren así, a lo que una Madeleine melancólica contesta tajante: «No, está mal». Y se hace un silencio.

Hay que suponer que la trama real sale con esta frase a la superficie por un momento; es probable que Judy haya caído bajo el influjo maligno de Elster debido a su soledad de provinciana en la gran ciudad. Y, quizá por haberse acordado de su presunto benefactor, Madeleine advierte a Scottie de que está casada. Hitchcock inserta un plano de nuestro hombre, quien se muestra turbado por un hecho que ya conoce; le ha disgustado que ella lo haga explícito. No tarda en producirse un contacto físico: tratando de asir la taza para servirle café a su invitada, sus manos se encuentran. Scottie no hace ademán de soltar la suya, mientras que ella gira la cabeza y ambos se miran sin decir nada, bajo el signo fatídico de la atracción mutua. De repente, suena el teléfono y Scottie se precipita al dormitorio, seguido por la mirada ambigua de Madeleine; al aparato, Elster le explica que su salto a la bahía no es una coincidencia, ya que Carlota Valdez se suicidó con veintiséis años, los mismos que tiene su esposa. Se oye un ruido y Scottie vuelve al salón; Madeleine ha desaparecido. En el exterior, chocan dos mundos y se desencadena otro drama; Midge, que llega en coche a casa de su amigo, ve salir a Madeleine y sonríe con amargura: «Bueno, Johnny-O, ¿se trataba de un fantasma? ¿Lo has pasado bien?». Esta nota amarga nos recuerda que la felicidad de algunos es, a menudo, la infelicidad de otros.

Durante este largo encuentro, Judy se ha ido enamorando; sin quererlo, nos ha dado alguna clave al respecto. «No se debe vivir solo», ha dicho con evidente sinceridad, aproximándose así a la condición existencial de ese «hombre disponible» que es Scottie. La frase, en apariencia banal, cobrará sentido cuando conozcamos a la Judy que vive sola en el hotel Empire. No deja de ser la chica de Salina que trata de buscar su lugar en la gran urbe y que de momento vive en un triste hotel de segunda, abandonada por el hombre maduro para quien hizo el papel de esposa. ¿Habría querido Judy convertirse en la segunda mujer de Elster, se sintió decepcionada tras marcharse este último al extranjero y cree ahora que ha hecho un mal negocio? No lo sabemos, ni tenemos manera de saberlo; un denso «fuera de campo», anota Trías, cubre con un velo la historia entre Elster y Judy. El caso es que Judy escapa al guion escrito por Elster y se interesa por Scottie, introduciendo un factor humano —imposibilidad de prever nuestras reacciones— en la trama. Pero dado que el enamoramiento de la actriz que es Judy se manifiesta a través de su personaje, Madeleine, su apasionado beso junto al mar puede tomarse como prueba de su genuino deseo carnal o como una exhibición de profesionalidad actoral; en lo que se refiere al despliegue de la ficción concebida por Elster, no hay ninguna diferencia entre las dos alternativas.

Así que puede verse a Judy como una víctima, alguien que se ve obligado a hacer lo que no querría hacer. Rebecca Solnit contrapone el punto de vista masculino, que es dominante en *Vertigo* y que rodea sus imágenes de una «niebla romántica», con la peripecia de una mujer que se ve obligada a desaparecer tras tomar parte en un asesinato. No solamente abandona la torre del campanario, sino la existencia cotidiana: «Dos amantes sucesivos la convierten en alguien diferente para servir a sus propios fines, una tragedia por lo demás bastante común». Para Solnit, en consecuencia, Judy simboliza a todas las mujeres que han sido alguna vez instrumentalizadas por los hombres. Y no vamos a discutir que así sea, si bien el número de hombres instrumentalizados por las mujeres tampoco ha de ser pequeño. Resulta más interesante plantearse si Judy *solo* es una víctima o si más bien compone una figura ambigua que ocupa diferentes posiciones morales y experimenta estados afectivos contradictorios.

¿O es que Judy es una persona de una pieza que mantiene en todo momento una conducta predecible? ¿No será que la impresionable joven de Salina experimenta sensaciones imprevistas y pasa a verse a sí misma de distinta manera cuando entra en contacto con nuevos campos de experiencia? Chris Marker ha insinuado que Judy *se convierte* en Madeleine al interpretarla. Es una lectura en la que ha profundizado José María Carreño:

> Su trayectoria no es tan pasiva como parecía, pues Judy (Madeleine) se enamoró de Scottie, y, a partir de esto, su historia no es tan claramente la de un fingimiento, algo más sucede en ese entramado de la doble identidad [...]. Y es que Judy no simuló ser Madeleine, Judy se convirtió en Madeleine, Judy *fue realmente* Madeleine.

Mediante un *amour fou* que se sale del guion, ella accede a «estadios más altos de su personalidad» y descubre en su interior —sin olvidarnos de su exterior— potencialidades que desconocía: Judy se transforma en Madeleine, enamorando a Scottie y enamorándose de Scottie. Probablemente Judy piense —piensa bien— que es el *personaje* de Madeleine lo que atrae a un hombre como Scottie; ha comprobado con amargura que Elster solo la quería como cómplice de un crimen. Inducir semejante pasión amorosa en Scottie ha debido de ser halagador para ella; máxime cuando ella ha desarrollado por él sentimientos de parecida intensidad. Y si bien podría decirse que Judy afirma su «agencia» al enamorarse de Scottie, rebelándose contra el papel que le ha sido asignado, tampoco se rebela demasiado; Judy lleva su actuación hasta el final sin frenar la conspiración de la que forma parte. ¿Acaso la joven no podría haber salvado a la esposa de Elster acudiendo a la policía?

Llegados a este punto, hay que trazar una distinción importante: Judy se deja cambiar por Elster y luego otra vez por Scottie; cada uno de esos hombres tiene sus propios motivos. Y si bien la mayoría de los comentaristas se centra en la *segunda* transformación, orquestada por Scottie, la primera merece igualmente atención. Cuando vemos a Madeleine salir de Ernie's, ataviada con ropa de alta costura y captando el interés de los comensales, intuimos que Judy puede estar disfrutando de su papel; el contraste posterior con su triste vida anónima en San Francisco refuerza esa impresión, por mucho que ella niegue las acusaciones que le dirige Scottie una vez descubierto el engaño. Pippin habla de una dualidad: Judy es carnal; Madeleine, ideal. De modo que la Madeleine representada por Judy constituye la materialización de un deseo latente; igual que la Madeleine en que Judy se convierte podría ser aquella que Judy lleva dentro y esperaba a manifestarse. O bien, Madeleine es una versión refinada de Judy que cuenta con la aprobación íntima de Judy; una ficción que Judy abraza y con la que acabará identificándose. Se entiende así que no rechace la oportunidad de *volver a ser* Madeleine cuando topa con Scottie; además de la presión que ejerce el detective y del amor que ella todavía le profesa, Judy se siente atraída por la versión de sí misma que Madeleine pone en escena. Es a Madeleine, no a Judy, a quien se refiere el elocuente título italiano del film: *La donna che visse due volte*, o sea, «la mujer que vivió dos veces». Y para que Madeleine pueda vivir, Judy tiene que desaparecer.

## HOTEL EMPIRE BLUES

Un dilema trágico cobra forma en la última parte del film: Judy quiere a Scottie, pero sabe que Scottie no puede querer a Judy. En el fondo, quizá ella misma se gustaba más como Madeleine. Eso no quiere decir que Robin Wood yerre al sostener que el último tercio de *Vertigo* pone el acento en los mecanismos opresores del patriarcado y en las consecuencias de la fantasía malsana del amor romántico; es una hipótesis plausible si se entiende que Judy ha sido *anulada* como sujeto de decisión. John Russell Taylor lo da por supuesto, reprochando a Scottie que sea

> incapaz de reaccionar a la mujer real, viva, hasta que la ha dominado y transformado, totalmente en contra de su voluntad, en la imagen de su amor perdido. En otras palabras, ha preferido la fantasía a la realidad, y ha tratado de transformar la realidad en fantasía por la propia fuerza de su obsesión.

Quien mejor resume la obsesión de Scottie es la encargada de la casa de modas adonde el exdetective lleva a Judy en busca del armario de Madeleine. Ante la perseverancia del detective, que no se detiene hasta encontrar las mismas prendas que vestía su amor perdido, la mujer exclama: «¡Usted, realmente, sabe lo que quiere!». Que es algo muy distinto a saber lo que se hace; en este caso, avanzar por el camino de la propia destrucción. Las dobleces de la situación se ponen de manifiesto mediante un plano que nos muestra a Judy y Scottie, reflejados ambos en un espejo de la pared, mirándose fijamente después de que Scottie haya dado un paso más en su fetichismo necrófilo y haya descrito con lujo de detalles el vestido de noche que exige para Judy: aquel que solía llevar Madeleine. No le vale ningún otro; si Judy no es auténtica, tendrá que serlo su ropa. Pasado un rato, la joven deja de luchar y se prueba unos zapatos con gesto de resignación; acto seguido, un fun-

dido nos lleva a la casa de Scottie, donde una triste Judy inquiere por el sentido de lo que está pasando: «¿Por qué haces esto? ¿Qué bien puede hacer?». El atormentado Scottie responde que no lo sabe y todo indica que podemos creerle. Su confusión es genuina.

¿No es Judy una persona —como Scottie— superada por su propia pasión amorosa? Subrayemos que nadie *obliga* a Judy a someterse a la segunda transformación en Madeleine; cuando le dice a Scottie en su apartamento que quiere marcharse, este le responde que es libre de hacerlo. Judy protesta, delatándose: «No, no me dejarías». ¡Judy *quiere* que Scottie la retenga! Por si había alguna duda, añade: «Y yo no quiero irme». Se podría aducir que Judy está alienada por la ideología del amor romántico; es incapaz de reconocer cuáles son sus propios intereses. Pero ¿cuáles son sus propios intereses? ¿Y quién podría arrogarse el derecho de identificarlos? Descartada la imposición externa, hay que concluir que Judy prefiere quedarse junto a Scottie por una razón elemental: lo ama. El amor crea vínculos que no se rompen fácilmente; hablamos de sentimientos sobre los que no podemos disponer a nuestro antojo. Dicho de otra manera: por muy sofisticadas que sean las categorías con que tratamos de clasificarlas y ordenarlas, las realidades vitales tienen una lógica propia que a menudo se nos escapa.

Si Judy admite que *pese a todo* quiere quedarse con Scottie, hemos de reconsiderar el encuentro de ambos —aparentemente fortuito— en los aledaños de Union Square. ¿De verdad ha sido una casualidad? Judy podría haber abandonado San Francisco si hubiera querido, como corresponde a la cómplice de un asesinato; si permanece en la ciudad, es porque quiere ver de nuevo al hombre del que se ha enamorado. Su reacción, cuando lo ve, tiene algo de engañosa; podría pasar por la de alguien que no conoce a la persona que se le ha quedado mirando. O, alternativamente, la de quien se ha preparado para no delatar ninguna emoción cuando llegue el momento que tarde o temprano había de llegar. En la carta que le escribe cuando amaga con marcharse, Judy le dice a Scottie que, cuando sepa la verdad y ella se haya ido, por fin «tu búsqueda terminará». Pero ella no tiene manera de saber que Scottie la estaba buscando... salvo que lo hubiera supuesto y eso explique su obstinada presencia en San Francisco; Judy sabía que acabarían por encontrarse. Pippin va más lejos y especula con la posibilidad de que ambos *se reconozcan de inmediato* cuando se encuentran por la calle; la segunda metamorfosis de Judy Barton en Madeleine Elster sería el medio a través del cual los dos se adaptan a la situación. Incluso si no fuera el caso, parece difícil de creer que Scottie no se percate en ningún momento de la *identidad* entre Madeleine y Judy: ¿acaso ambas no tienen gestos parecidos ni despiden un mismo olor, por no entrar en detalles más íntimos? Todo es posible; Scottie no solo es un hombre emocional, sino que a estas alturas de la película está desgarrado por el trauma y obsesionado con la realización de un proyecto delirante.

Dicho esto, la segunda transformación de Judy dista de ser pacífica. Antes de su consumación, Scottie confiesa que los días que ha pasado junto a la joven han sido los más felices en un año; Judy responde que eso se debe a que ella le *recuerda* a Madeleine, «y tampoco demasiado». Scottie replica que también se debe a ella misma, a Judy, aunque sea incapaz de explicarlo. «Hay algo en ti que…». No puede seguir; ¿es porque sabe que es mentira y que todo obedece al parecido con Madeleine? ¿O porque intuye la verdad sin lograr aprehenderla? Judy se queja de que Scottie ni siquiera desea tocarla y formula una pregunta en forma de súplica: «¿No podrías quererme tal como soy?». No puede; claro que no. Y es absurdo reprochar a Scottie que carezca de interés por Judy; ¿por qué habría de tenerlo? Su relación carece de historia; el único fundamento de la misma es el parecido que guarda con la difunta. De ahí que Judy termine resignándose; usará la ropa que él quiera. Y cederá todavía más terreno cuando Scottie, mirándola fijamente, repare en una diferencia sustancial entre ambas: el color del pelo. «¡No!», protesta Judy al adivinar sus intenciones. Pero la lógica de Scottie es implacable: ¿por qué habría de importarle a ella ceder en ese pequeño detalle si ha cedido ya en todo lo demás?

Hitchcock explica a Truffaut que Judy no quiere volver a transformarse en Madeleine porque tiene miedo a ser descubierta; su temor es que Scottie la *desenmascare* en el acto mismo de *enmascararla*. Recogiéndose el pelo, llegará a parecerse tanto a la Madeleine original —¡a ella misma!— que Scottie podría descubrir la verdad. Pero Judy se rinde: «Si te dejo cambiarme, ¿será suficiente? Si hago lo que me dices, ¿me amarás?». Cuando le responde que sí, Judy acepta el trato: «Yo ya no me importo». Hará cualquier cosa con tal de que Scottie vuelva a amarla, incluso convertirse *para siempre* en otra persona. A diferencia de lo que sucede en la primera parte, cuando Judy se transforma en Madeleine de manera ocasional y solo hasta que el plan de Elster llegue a término, la segunda transformación no tiene fecha de caducidad. Judy está renunciando a sí misma; interpretará a una muerta mientras viva. Hay que albergar sentimientos de la máxima intensidad para hacer semejante apuesta.

Se pone así de manifiesto que el amor de Judy por Scottie es la razón por la cual —concede Spoto— la joven se ve compelida a transformarse de nuevo en una persona inexistente. Pero subrayemos que *ya ha sido* Madeleine una primera vez; por órdenes de Elster, a ojos de Scottie. Más que una réplica de la Madeleine *real*, Elster y Judy crearon un *artificio*, el resultado de

meter a una joven provinciana en la piel de una rica
heredera de la gran ciudad. Paula Marantz Cohen va
más lejos y señala que la propia Judy Barton es tan irreal
como Madeleine; Scottie se encuentra con una figura
femenina «construida» de acuerdo con las exigencias de
la vida urbana contemporánea, que exige de una modesta dependienta un atuendo escogido para atraer a
los hombres y que nada tiene que ver con el distinguido
aspecto que revestía a su Madeleine de un aura sobrenatural e inaccesible. Judy Barton tiene un origen social
que encaja con ese aspecto exterior, igual que la esposa
de Elster —cabe suponer— sentía su sofisticada elegancia como propia; quien se sitúa en un terreno intermedio es la Judy que se disfraza de Madeleine y que
termina por ver a su personaje como una versión deseable de sí misma. Y, por cierto, cuando vemos a Judy en
el salón de belleza donde varias empleadas se ocupan
de ella —cambiándole el color del pelo, dibujándole el
contorno de los labios, pintándole las uñas— conforme

a las instrucciones de Scottie, es fácil pasar por alto que ya se había sometido a esa misma operación —estética sin cirugía— cuando encarnó a Madeleine Elster a instancias de su marido. Consumada fuera de campo, su primera encarnación estaba al servicio del crimen; en la segunda aparecen entreverados el amor y la culpa, ya que Judy no ignora que la destrucción emocional de Scottie ha sido efecto de sus propias acciones.

En un ensayo dedicado a subvertir la interpretación tradicional de la mujer fatal en nuestra cultura, Elisenda Julibert ha defendido que la fatalidad de esas «mujeres imaginarias» es producto de una concepción masculina del deseo: una que convierte a quien se dice amar en fetiche —objeto— y finalmente en cadáver. Prueba de ello sería que en las narraciones que contienen a una mujer fatal nunca vemos a mujeres singulares; la víctima no tiene ocasión de explicarse ya que «la oímos hablar a través de quienes han tenido la mala suerte de cruzarse con ella». Cuando pone su mirada sobre *Vertigo*, Julibert sostiene que la segunda transformación de Judy en Madeleine es «una representación de la violencia como pocas: muestra cómo se mortifica a la persona deseada hasta aniquilarla, proceso que equivale a su irremisible conversión en perfecto objeto». En su opinión, la película ha resultado cautivadora para distintas generaciones de espectadores porque parece ser la historia de una venganza, si bien la razón secreta de que haya perdurado es que perturba a todos aquellos que tienen miedo de su propia fragilidad.

Ocurre que Madeleine no es exactamente una *femme fatale*, sino el personaje ficticio creado por Elster para engañar a Scottie. Se trata de una mujer imaginaria, pues no sabemos qué relación guarda con la verdadera Madeleine Elster. Esa Madeleine *representada* por Judy se amolda con dificultad al tipo hollywoodense de la mujer fatal, aunque pueda encajar dentro de la más amplia conceptualización defendida por Julibert. Pero Judy no es solamente una víctima, ni lo es en mayor medida que Scottie. ¿Hay que llamar una vez más la atención sobre la secuencia en la que Judy mira a la cámara y revela al público su terrible secreto? Aun si aceptásemos que la mujer fatal suele carecer de voz propia, Judy sería la excepción que confirma la regla: toma la palabra para relatar su experiencia y dice sin ambages que Scottie es la auténtica víctima del plan urdido por Elster y ejecutado por ella. Nuestro detective ha sido reducido a objeto y tratado como un simple medio para conseguir la impunidad del asesino y de su cómplice.

Digámoslo de otra manera: si Scottie mortifica a Judy, es porque Judy ha mortificado a Scottie. O bien: ambos actúan movidos por el amor que el otro le ha despertado de manera imprevista. Judy acepta transformarse en Madeleine porque es de Madeleine de quien Scottie se ha enamorado; si hay una forma desviada del deseo en juego, ambos participan de ella. Juzgar al detective como un tirano sexista que anula la voluntad de Judy es perder de vista las razones que explican —sin justificar— su conducta. Por retorcido que parezca, su plan tiene resonancias universales: quien ha perdido a la persona amada sabe lo que es soñar con devolverla al mundo. La segunda transformación, como explica Chris Marker, se diferencia radicalmente de la primera:

> Allí donde Elster reduce la fantasía a sus manifestaciones más mediocres (riqueza, poder, etc.), Scottie la transmuta en su forma más utópica: se sobrepone al daño más irreparable que pueda causar el tiempo y resucita un amor que está muerto. La segunda parte de la película, al otro lado del espejo, no es sino un intento desquiciado y maniaco de negar el tiempo, recreando mediante signos triviales pero necesarios (como signos de una liturgia: ropa, peinado, pelo) a la mujer cuya pérdida él nunca ha sido capaz de aceptar.

Scottie es un hombre que lucha contra la muerte. La espiral que sirve como motivo visual del film —la que aparece en los créditos, se dibuja en el peinado de Carlota y se insinúa en la verticalidad de San Francisco, las escaleras del campanario o los anillos de las secuoyas— remite al vértigo de la temporalidad; a la caída irreversible en el tiempo. Si Elster quiere recuperar un San Francisco donde los hombres y las mujeres se relacionaban de otra manera, Scottie quiere resucitar a esa Madeleine que le hizo conocer la pasión amorosa. Traer a alguien de entre los muertos; ¿cabe imaginar una ficción más poderosa e inverosímil? Por eso Marker defiende que la segunda parte del film es un sueño: el melancólico Scottie fantasea con una versión de los hechos que le permita justificarse ante sí

mismo por haber perdido a la mujer que amaba. Y es
una hipótesis verosímil. Si es cierta o no, jamás lo sabremos; los misterios de *Vertigo* no están ahí para ser
desvelados.

Del anhelo universal por reencontrarse con el amor
perdido deriva la intensa emoción que produce el beso
apasionado mediante el que se funden los protagonistas una vez que Judy ha salido del cuarto de baño transfigurada en Madeleine; como si un Lázaro sin pestilen-
cias caminase en dirección a su resucitador. Es verdad
que Judy había opuesto cierta resistencia a última hora,
negándose a recogerse el pelo como hacía Madeleine
—como hacía ella representando a la ficticia Madeleine— pese a la presión ejercida por Scottie. Una vez
más, no obstante, acaba cediendo y entra en el baño
para arreglarse mientras Scottie la espera con indisi-
mulable ansiedad; el milagro está cerca. Por fin, Judy
abre la puerta; la vemos caminar a través de la famosa
neblina verde que ha llenado la habitación y es como

si Madeleine atravesara una membrana que separa el mundo de los muertos del mundo de los vivos. Durante el abrazo que sigue, la cámara parece girar en torno a ambos —en realidad son los actores, situados en una plataforma giratoria, los que se mueven— mientras el escenario que los rodea es reemplazado por las caballerizas donde se besaron por última vez, antes de que Madeleine echase a correr en dirección al campanario. Este recurso visual tiene un sentido evidente: el pasado se abalanza sobre Scottie, cuyas sensaciones dominan la escena. La conmoción de Judy, mientras se aferra a Scottie sobre un fondo verdoso de irrealidad y la melodía del tema principal culmina su *crescendo*, es palpable; el hombre al que ama está otra vez junto a ella. ¡También él regresa *para ella* de entre los muertos!

En consecuencia, Judy no es —no en exclusiva— una víctima. Tanto ella como Scottie parecen felices durante los días o semanas que siguen al beso de reencuentro en el hotel; aunque Hitchcock no se detiene en

ello, cabe presumir que ambos han vivido una luna de miel en la que la plenitud sexual ha convivido con la paz espiritual. Scottie ha terminado su búsqueda; Judy no tiene que seguir esperando. Pero este ensayo de amor conyugal no durará; Scottie averiguará de golpe que ha sido engañado y este golpe de realidad destruirá a la pareja, poniendo de paso un punto final a esa otra ficción que es el propio film. Al encenderse las luces de la sala, se produce una inversión singular; si los personajes no han soportado la realidad que se escondía detrás de las ficciones urdidas por Elster, ahora es el espectador quien protesta ante una ficción que termina con su protagonista al borde del precipicio.

El desenlace contiene un último misterio: ¿ha cometido Judy un desliz o se pone a sabiendas el broche que delata su verdadera identidad? Andrea Cavalletti sostiene que, al ponerse la joya, Judy renuncia de manera definitiva a sí misma y se ofrece como máscara pura; como si saliera del cuadro que representa a Carlota Valdez y nos mirase desde el pasado remoto de la ciudad. Más estimulante resulta la hipótesis que plantea William Rothman: Judy se pone el collar porque *quiere* que Scottie sepa la verdad sobre ella, culminando así un plan que se pone en marcha cuando se deja encontrar por él en el centro de la ciudad. ¿Y por qué querría hacer tal cosa? Quizá se siente culpable por el asesinato de Madeleine Elster, quien es, hasta donde sabemos, la gran inocente de la función. O cree que jamás podrá tener una relación amorosa ordinaria con Scottie si la verdad no sale a la luz; solo revelando el engaño podrían «dejar atrás el pasado», que es lo que Scottie dice a la Judy que se hace pasar por Madeleine en la primera parte. Hay un riesgo: destruyendo a Madeleine, el amor de Scottie pierde su objeto. Si amaba a una persona que no existía y lo hacía como resultado de un plan criminal, ¿acaso puede seguir amando al sucedáneo que ha creado para reemplazarla? Nadie sabe si el atisbo de reconciliación que tiene lugar en el campanario hubiera podido fructificar; la lúgubre aparición de la monja sella el destino trágico de la pareja. Cuando la religiosa hace doblar las campanas, ignora que lo hace por ambos y no solamente por la mujer que ha caído al vacío.

## DEAMBULANDO POR LA CIUDAD IMAGINADA

Ya se ha dicho que el cine de Hitchcock *procede* de su tiempo, aunque a duras penas *pertenezca* a él; sus películas han logrado emanciparse de su historicidad, instalándose en un espacio propio en el que los espectadores se adentran con engañosa facilidad. Dicho esto, al verlas no podemos dejar de constatar que fueron realizadas primero en Gran Bretaña y después en el Hollywood que va de los años cuarenta a los setenta. Su propia textura nos lo dice: el blanco y negro de *39 escalones* poco tiene que ver con el de *Psicosis*. También *Vertigo* se refiere a un mundo histórico que constituye el presente de sus personajes, por más que se trate de un pasado —aquel San Francisco de finales de los años cincuenta del siglo xx— cada vez más alejado de nosotros.

Durante aquella década, la hermosa ciudad californiana disfrutó —como el resto de Estados Unidos— de los dividendos de la paz posbélica: crecimiento económico, explosión demográfica, dinamismo cultural. Son luces llenas de sombras, entre ellas la continuidad de la discriminación racial y la paranoia anticomunista de la Guerra Fría. Y si bien Hitchcock recurrió a las convenciones del espionaje en obras como *Sabotaje*, *Encadenados*, *Con la muerte en los talones* o *Topaz*, lo que hacía era servirse de ese marco genérico para explotar situaciones desacostumbradas. Sus trabajos en Hollywood se interesan por un mundo de clase media o alta donde los conflictos psicológicos y las perversiones emocionales pueden ser catalogadas como el desasosegante anverso del bienestar democrático. En ese sentido, Jonathan Freedman y Richard Millington han defendido la necesidad de tomarse en serio el despliegue de espacios públicos, relatos culturales, tradiciones literarias y corrientes ideológicas que tiene lugar en el cine norteamericano del autor inglés; su «americanidad» no sería un mero decorado ni un simple accidente geográfico. Por el contrario, como ha defendido Fredric Jameson, Hitchcock es un miembro más de la diáspora intelectual europea —Mann, Adorno, Brecht— que llega a California del Sur tras el ascenso del nazismo al poder. Pero hay que matizar: más que un crítico implacable de la cultura de masas, Hitchcock se parece a un Tocqueville que trata de conocer la sociedad estadounidense sin dejar de participar activamente en ella por medio del cine y la televisión. En otras palabras, el Hitchcock hollywoodense es un observador participante que no da puntada sin hilo cuando pone el foco sobre las instituciones y costumbres de dicha sociedad.

Sucede que el anclaje histórico de *Vertigo* tampoco ofrece el asidero firme que uno podría esperar; la película muestra que las aparentes realidades que vertebraban la sociedad norteamericana del momento tenían mucho de engañoso. Así se deduce del análisis de dos elementos de la narración que, pese a su aspecto tangencial, tienen un papel destacado en el film: de un lado, la ciudad de San Francisco y su historia, que le sirven a Elster para rodear de misterio al personaje de Madeleine; de otro, ese psicoanálisis que había penetrado ya en el discurso institucional en torno a los trastornos anímicos y que vivía por entonces su consagración definitiva en la cultura popular. Vayamos por partes.

No se puede exagerar la importancia que San Francisco tiene en *Vertigo*. Y no convendría despreciar la que *Vertigo* tiene para San Francisco, ciudad de la que ofrece una versión memorable que ha despertado la curiosidad del cinéfilo dispuesto a visitar sus escenarios. Jeff Kraft y Aaron Leventhal los han identificado de manera minuciosa, tanto en el interior de la ciudad como en sus alrededores. Hitchcock daba la máxima importancia a las localizaciones, hasta el punto de que formuló la regla de que ningún escenario debía ser utilizado como un simple trasfondo. Desde luego, los de *Vertigo* no fueron elegidos a la ligera.

La misión Dolores, donde Madeleine visita la tumba de Carlota Valdez, es el edificio más viejo de San

Francisco; construida entre 1776 y 1791, remite por tanto a los orígenes mismos —españoles— de la ciudad y hay que entender su presencia en la trama como una alusión simbólica al pasado colonial del que Elster se aprovecha para enredar a Scottie. Tiene su gracia que Humbert Humbert, narrador de la *Lolita* de Vladimir Nabokov, ese escritor de origen ruso que tantos rasgos comparte con Hitchcock, haga alusión a la misión Dolores en el curso de la *road movie* en que se convierte la segunda parte de la novela: «Mission Dolores: good title for book», anota Humbert según Nabokov en el controvertido libro que se publica en Estados Unidos en agosto de 1958, o sea, poco después de que *Vertigo* llegase a los cines de aquel país. Aunque el cementerio ya ha perdido su viejo encanto, desprovisto de la abundante vegetación que aparece en el film, la cámara de Robert Burks logró capturar la luz peculiar, neblinosa, que producen sus muros blancos cuando brilla el sol. Dice la leyenda que la lápida con el nombre de Carlota Valdez se mantuvo en el jardín durante muchos años, atrayendo la curiosidad de los cinéfilos, hasta que un buen día fue retirada por considerarse una distracción indebida para los visitantes. Quienes hoy gestionan la atención al público en la misión, sin embargo, niegan que eso haya sucedido; la lápida era un *prop* que la productora se llevó en cuanto acabó el rodaje de la secuencia. *Print the legend?*

Otros emblemas de la ciudad que aparecen en el film son el palacio de la Legión de Honor y la Coit Tower. Pero la torre no se ve desde el lugar donde está situado el apartamento de Scottie, y hubo de emplearse una transparencia para lograr el efecto deseado; Hitchcock quería dar tanto protagonismo visual como fuera posible a lo que consideraba un evidente símbolo fálico, aun a costa de distorsionar el urbanismo de la ciudad. El sanatorio en el que internan a Scottie es el St. Joseph's Hospital de Park Hill, donde lo más inusual de la escena no se ve: el actor que interpreta al médico que habla con Midge es un reemplazo de urgencia para el previsto inicialmente, despedido por Hitchcock sin demasiadas explicaciones; a sus nietos les durará todavía el disgusto. Otro escenario destacado es la entrada de los Apartamentos Brocklebank, en el barrio de Nob Hill, donde vive el matrimonio Elster. Aparece en un par de escenas: primero, Madeleine sale de allí para coger su elegante Jaguar verde y jugar al despiste con Scottie por las empinadas calles de la ciudad; este último abordará luego a una señora que se dispone a subir a ese mismo vehículo, una vez que Madeleine ha muerto y Elster ha dejado el país, preguntándole de dónde lo ha sacado. Resulta que Elster se lo ha vendido; nos las vemos con un asesino tan dueño de sí mismo que encuentra tiempo para cerrar una compraventa antes de abandonar el país. Ese mismo año de 1958 encontramos un plano muy parecido de la elegante residencia, situada entre los majestuosos hoteles Fairmont y Mark Hopkins, en *The Lineup*, un brillante *noir* de serie B rodado en blanco y negro por Donald Siegel; sin la investidura romántica de *Vertigo* y privado de los colores en VistaVision de Robert Burks, el edificio presenta un

aspecto más adusto. No en vano, San Francisco fue la segunda ciudad del cine negro después de Los Ángeles; solo que casi siempre se trataba —sobre todo en los años cuarenta— de un San Francisco recreado en el interior de los *soundstages* hollywoodenses.

No todo sigue en pie, ni mucho menos. El hotel McKittrick, en el que Scottie es burlado por Madeleine, fue demolido años después del rodaje; la floristería Podesta Baldocchi, fundada en 1871, ya solo envía flores a domicilio a través de su web, y la casa de Scottie, situada en el número 900 de Lombard Street, ha sido derribada para dar paso a una nueva vivienda unifamiliar. Por su parte, el hotel Empire fue elegido por los neones verdes de su letrero y se sitúa apenas a quince minutos a pie de Union Square, que es donde trabaja Judy; durante unos pocos años fue un establecimiento *boutique* llamado hotel Vertigo, que trató sin éxito de

explotar comercialmente la mitomanía cinéfila. La
librería donde trabaja Pop Leibel no existía; es tra-
sunto de otra que el guionista Samuel Taylor solía
visitar en los años veinte y treinta. Pese a que el restaurante Ernie's estaba en San Francisco y se mantuvo abierto hasta 1995, Hitchcock prefirió recons-
truirlo en estudio a través del trabajo minucioso de
Henry Bumstead; el rodaje quiso ser tan fiel a la realidad que se sirvió a los extras comida del restaurante,
circunstancia que Hitch aprovechó para hacer uno de
sus chistes tras fijar un descanso: «¡Tienen una hora
para almorzar!».

*Vertigo* se aventura igualmente, a veces de manera
inverosímil, fuera de la ciudad. Cualquiera que haya vi-
sitado el norte de California sabe que el trayecto hasta
Cypress Point, en la península de Monterrey, no es precisamente corto; allí es donde Scottie y Madeleine se
besan junto a un océano tempestuoso. A medio camino
se encuentra la misión de San Juan Bautista, que todavía hoy puede visitarse. No tiene torre; hubo que pintar-
la. En cuanto al bosque de secuoyas donde transcurre el
paseo de Scottie con Madeleine, no es Muir Woods,
situado al otro lado del Golden Gate y donde Hitchcock no pudo rodar por falta de permiso, sino el Big
Basin Redwoods State Park, que queda a unos setenta
kilómetros de la ciudad. En esta secuencia, la presencia
del tiempo acumulado está simbolizada por los árboles
centenarios y es Madeleine quien, tomando como referencia los lejanos hitos históricos que figuran señala-
dos en la base de un tronco cortado en los años treinta,

señala con su sofisticado guante el punto remoto del pasado en que —dice— vino al mundo...

El caso es que *Vertigo* retrata un San Francisco cuya historia y escenarios Hitchcock emplea para sus propios fines, pero que no es el único San Francisco posible ni tampoco el más parecido a la realidad urbana de finales de los años cincuenta. De hecho, Rebecca Solnit se ha quejado: el claustrofóbico universo de rasgos freudianos dibujado por Hitchcock coexistía con una ciudad dinámica en la que empezaban a consumirse drogas alucinógenas, sonaba jazz de vanguardia, se exploraban tradiciones espirituales esotéricas y se recitaban en público poemas libérrimos. A cambio, ha matizado Roland Greene, el film no deja de proyectar sobre la ciudad una mirada típica de su época, que la concibe como una red de localizaciones e instituciones originadas durante la Fiebre del Oro de 1849 y que vincula su historia con una población mayoritariamente blanca. La presencia constante de la Coit Tower en pantalla, monumento *art déco* erigido en 1933 cuyas paredes están llenas de murales dedicados a las clases trabajadoras de Norteamérica, reforzaría esa interpretación.

*Vertigo* es así fiel a la manera en que los protagonistas habrían de ver entonces la ciudad, con su pasado español relegado a un trasfondo remoto e incomprensible. Es una manera de presentar la ciudad que oculta la antigua historia de San Francisco y de su bahía como asentamiento español, un reverso simbolizado en la cinta por las dos misiones religiosas y por la propia Carlota Valdez. Tal distanciamiento permite a Elster crear una ficción orientalizante —una fantasía sostenida por la distancia— en torno al pasado de la familia de su esposa. Escribe Greene:

> [...] la película depende de la amnesia que a mediados de siglo sufrían la ciudad y buena parte de la California metropolitana acerca de su pasado hispano. Gavin Elster puede aprovecharse del hecho de que, para un sanfranciscano blanco familiarizado con la visión que la ciudad tenía de sí misma, la California española se presentaba como un país extranjero superpuesto a su ciudad natal.

Cuando empieza a investigar el caso de Madeleine, Scottie topa con un mundo que desconoce; uno cuyos misterios ancestrales ponen en cuestión la idea que el detective tiene del entorno social en el que se ha desarrollado su vida adulta. Joshua Kitching ha recurrido al concepto de «espectralidad» —propuesto por el filósofo francés Jacques Derrida— para analizar el énfasis de la película en los fantasmas, la posesión sobrenatural, las tumbas. Recordemos que la ficción tejida por Elster sugiere que Carlota Valdez, víctima de origen hispano de uno de esos hombres decimonónicos que usaban la libertad a su antojo, toma posesión de Madeleine; como Elster dice a Scottie, hay momentos en los que «Madeleine ya no es mi esposa». Sabemos poco de Carlota, como corresponde a una figura definida justamente por sus contornos borrosos; a partir de retazos de historia oral y de un retrato colgado en el museo, Elster crea un mito sobre el que solo Pop Leibel sabe dar algunas vagas explicaciones. Apliquemos la distinción que establece el filósofo Stanley Cavell entre los diferentes *pasados* de la comedia y del melodrama: en la comedia, el pasado es ambiguo y compartido, objeto de diversión; en el melodrama, el pasado está congelado y resulta misterioso. El melodrama de Carlota se transfiere a Madeleine gracias al montaje de Elster; un retorno de lo reprimido que es, al mismo tiempo, la reaparición fantasmal de la historia borrada de la ciudad.

Para Joan Didion, que vivió en primera persona la California de los años sesenta, ese pintoresquismo podía resultar exasperante. Por eso anota en un diario de viaje: «El atributo resueltamente "colorido" de la historia de San Francisco. Abundancia de "personajes". Te deja chafada». Desde ese punto de vista, el librero de Argosy sería un traficante de anécdotas decimonónicas cuya repetición *ad nauseam* empujaría a la ciudad en dirección opuesta al futuro. Éric Rohmer ya había señalado que la presencia de las viviendas estilo 1900 en distintos segmentos del film produce una desorientación temporal en el espectador: ¿dónde estamos exactamente? Kitching va más allá, estableciendo un convincente paralelismo entre la presencia fantasmal que perturba a Madeleine Elster y la espectralidad que contiene —a finales de los cincuenta más que hoy— una ciudad que ha reprimido su pasado colonial. En definitiva:

> La construcción cinematográfica de San Francisco en *Vertigo*, organizada alrededor de la misión, refleja en cierto sentido la verdadera construcción de la ciudad, una metrópolis literalmente construida con, y por tanto acechada por, elementos de su estructura original.

Puede así decirse que el San Francisco por el que se mueve Scottie es una ficción creada por la élite estadounidense, que se encargó de dotar a su relato de origen con una legitimidad específicamente anglosajona, minimizando el papel de los españoles en la creación de la ciudad. Elster se sirve de ese pasado escondido y romantizado para construir a «Madeleine» con la ayuda de Judy, tomando como referencia una figura histórica real que para Scottie está revestida de sobrenaturalidad; es una suerte de interferencia colonial dentro del mundo protestante en el que se ha socializado. Judy se parece en eso a San Francisco: también ella se ve sometida a un proceso de refinamiento cuyo propósito es eliminar aquello que, en su aspecto «original», delataba un pasado de chica provinciana sin la elegancia necesaria para interpretar a la rica heredera de una vieja familia procedente del Este. De modo que la belleza subyugante de la ciudad de San Francisco, tal como *Vertigo* nos la presenta, se parece al maquillaje: resalta a la vez que esconde.

## PROMESA Y MENTIRA DEL PSICOANÁLISIS

Hitchcock desembarca en Hollywood cuando la terapia psicoanalítica empieza a cobrar presencia en un cine que durante los años cuarenta hará uso de herramientas visuales especialmente adecuadas para narrar los traumas del inconsciente: *flashbacks*, sueños, claroscuros. En aquellos años, el británico llegó a hacer un film —*Recuerda*— protagonizado por terapeutas, donde el trauma reprimido es la muerte accidental del hermano. Todavía en *Marnie*, ya en los años sesenta, la represión del pasado tendrá un papel clave: la protagonista ha olvidado que mató a un cliente de su madre-prostituta cuando era niña. En algunas ocasiones fueron los guionistas quienes introdujeron el lenguaje psicoanalítico en los films de Hitchcock; así Ben Hecht en *Recuerda* y *Encadenados* o Joseph Stefano en *Psicosis*. Pero el propio Hitchcock cambió de posición sobre el psicoanálisis a lo largo de su carrera; a la altura de *Vertigo* parece quedarle poca fe, si es que alguna vez tuvo alguna, en sus posibilidades explicativas y curativas. Cuidado: sus películas ponen en bandeja la interpretación psicoanalítica de una manera tan obvia que, como apunta Margaret Horwitz, darla por buena equivale a caer en una trampa. Y ello al margen de que —como ha señalado Haeffner— quizá veamos ecos de Freud en Hitchcock por la sencilla razón de que Hitchcock veía la sociedad de manera parecida a Freud: como un espacio de civilización que linda con el caos atávico, donde la normalidad solo es la otra cara de la perversión y cada uno de nosotros ve solamente lo que quiere ver.

Al igual que pasa con la ciudad de San Francisco, los personajes de *Vertigo* expresan una familiaridad con el psicoanálisis que se corresponde de manera fidedigna con la presencia que aquel había alcanzado en la cultura popular de la época; tras dos décadas consumiendo ficciones en las que la revelación de viejos secretos conducía a la curación del trauma, los estadounidenses estaban familiarizados con la versión simplificada del método freudiano. Midge trata de atenuar el malestar de Scottie por el accidente que costó la vida a un compañero del cuerpo policial recordándole que los médicos juzgaron que lo sucedido no era culpa suya, sino un efecto indeseado de su acrofobia. Y la primera reacción de Scottie cuando Elster le habla de la conducta extraviada de su mujer es sugerirle que la lleve al «psiquiatra, psicólogo, psicoanalista o médico de familia» más cercano; en lugar de decirle que tal vez esté «loca», sugiere que la terapia médica es más apropiada que la pesquisa policial. De hecho, la figura del psicoanalista puede ser asimilada fácilmente a la del detective: alguien que indaga en el inconsciente del enfermo con objeto de aclarar cuáles son los conflictos irresueltos que vuelven más difícil su existencia, guiándose por las pistas que obtiene a partir del relato oral que aquel —diván mediante— le proporciona.

Scottie *himself* abordará el enigma que Madeleine le plantea aplicando ese mismo enfoque: buscará el hilo que le permita orientarse en el aparente laberinto de su psique y tratará de identificar el acontecimiento cuya revelación o redescubrimiento pueda facilitar la curación. Madeleine lo pone astutamente en la pista cuando se refiere a «una última cosa que tengo que hacer para ser libre del pasado». Esa misma frase la pronunciará Scottie cuando, tras descubrir el broche en el cuello de Judy, la lleve en automóvil camino de la misión; en cuanto la oye, ella reconoce la prosa de Elster y comprende que ha sido desenmascarada. Scottie lo dice literalmente, en dos sentidos distintos: de un lado, el regreso a la torre será su oportunidad de hacer aquello que no fue capaz de hacer la noche de la primera muerte de Madeleine, que es llegar al final de las escaleras; del otro, se comprobará si —como había hablado con Midge— un segundo hecho traumático puede curar el vértigo que se había manifestado al comienzo del film. Parece ser el caso; tras precipitarse Judy al vacío, Scottie se queda mirando hacia abajo sin marearse ni desmayarse. Así que la acrofobia es el único problema que su investigación ha logrado resolver.

Otra secuencia en la que el psicoanálisis desempeña un papel destacado es la que muestra el paso de Scottie por la clínica donde se le trata de la postración que lo mantiene sentado en una silla mirando al infinito. Hitchcock nos lo presenta con un aspecto cadavérico durante la breve visita de Midge, quien, al hilo de los presuntos efectos benéficos de la música de Mozart que sale del tocadiscos, la misma por cierto que ha sonado en su estudio al comienzo del film y que Scottie le ha pedido que quite por resultarle algo plúmbea, explica a su amigo que los distintos trastornos psiquiátricos tienen asignados cuerpos sonoros específicos: melancólicos, dipsómanos, ninfómanos. «¿Qué pasaría si se confundieran de expediente?», bromea por no llorar. En la conversación que Midge mantiene a continuación con el médico, el tono de Hitchcock es descreído; el presunto especialista se limita a decir que Scottie sufre «melancolía aguda, combinada con complejo de culpa», mostrándose incapaz de pronosticar cuándo ni cómo podría ser curado; más bien se encoge de hombros. Es Midge quien se ve obligada a completar la información pertinente para el caso, aclarándole que Scottie estaba enamorado de la mujer cuya pérdida lo ha traumatizado —el médico admite que eso «complica las cosas»— y que, peor aún, todavía lo está. Ella misma descree de la curación de su querido amigo: «¿Sabe una cosa, doctor? No creo que Mozart vaya a ayudar en absoluto». La imagen de Midge recorriendo el pasillo vacío del sanatorio ratifica su falta de confianza en los protocolos institucionalizados del sistema de salud mental de la época; tenemos la impresión de que Scottie jamás logrará salir de su confinamiento. Y nadie nos

da explicaciones; al igual que sucede con el trance inicial, en el que dejamos al agente Ferguson colgando precariamente de un canalón, nos reencontramos con un Scottie que ha salido a la calle y retomado su vida sin que lleguemos a saber de qué manera ha logrado escapar de una situación clínica tan comprometida. Por eso se ha dicho que todo lo que sigue es una fantasía, el sueño de un Scottie que no sale de su cuarto.

En suma, Hitchcock parece tomarse poco en serio el psicoanálisis; aun en el caso de que los especialistas hubieran dado el alta a Scottie, su conducta tras abandonar la clínica está muy lejos de atestiguar curación alguna. El escepticismo del realizador podría ser el resultado de una decepción gradual; quizá nuestro autor creyó en el psicoanálisis antes de dejar de hacerlo. Esa es la tesis que propone Jonathan Freedman, para quien el contraste entre *Recuerda* y *Vertigo* expresaría el giro escéptico del director: si la primera celebra y reafirma la autoridad moral del psicoanálisis en 1945, la segunda trata de derribar ese mismo edificio en 1958, mostrando la inutilidad de una aproximación a los conflictos psíquicos que solo sirve —en este caso— para exacerbar el trastorno que se trataba de curar. Mientras que en *Recuerda* coincidían el descubrimiento del criminal y la liberación del trauma, en *Vertigo* pasa justamente lo contrario: el resultado del «psicoanálisis salvaje» que practica Scottie cuando sube a la torre en compañía de Judy lleva a la curación del vértigo *y* al agravamiento de su problema psíquico. O sea, resolver un crimen termina por ser mucho más fácil que aliviar el sufrimiento de un neurótico. Y en la medida en que Scottie *cree* que la vuelta al escenario del crimen en compañía de la mujer que lo engañó puede funcionar como una terapia de choque susceptible de proporcionarle paz de espíritu, *Vertigo* puede entenderse simultáneamente como una advertencia sobre los peligros de la terapia psicoanalítica y como una meditación sobre los efectos que comporta su sedimentación cultural en la Norteamérica de la posguerra.

Tirando de este hilo, llegamos a la conclusión de que el psicoanálisis aparece en *Vertigo* como una de las peligrosas ficciones que conducen a su protagonista por el camino de la autodestrucción. Eso no impide que, como ha señalado Freedman, la película pueda verse asimismo como un retorno al Freud tardío que habla de lo siniestro y del malestar en la cultura. No por casualidad, es el Freud que la asimilación popular de la cultura terapéutica en los años cuarenta y cincuenta había dejado fuera, el que cuestionaba a la modernidad como marco para la canalización exitosa de los instintos humanos. Pero existe todavía otra forma de salvar a Hitchcock para el psicoanálisis, que consiste en leer sus películas como variaciones sobre el tema del *deseo* en términos psicoanalíticos. De modo que estaríamos ante dramatizaciones del sentimiento de pérdida que experimenta cualquier individuo, impelido a apropiarse del «otro» para poner fin a un desasosiego incurable.

Ocurre que Hitchcock da un giro adicional a esa idea. Como dice Todd McGowan, si el cine *mainstream* pone en escena a hombres y mujeres que tienen éxito a la hora de satisfacer su deseo, reconciliando así al espectador con el orden social mediante un *happy ending*, el Hitchcock de los años cincuenta y primeros sesenta no solo niega esa satisfacción, sino que presenta el objeto de deseo como una copia o un fraude. O sea, es el propio sujeto quien *crea* el objeto que se empeña en perseguir. La revelación final de *Vertigo* es que Madeleine no existe y que «no hay ya manera de recuperarla». Ni siquiera recreando a Madeleine en la persona de Judy es posible creer en la Madeleine original, ya que esta ha resultado ser la creación sucesiva de Elster y Scottie; el primero la pone en escena y el segundo proyecta sobre ella sus anhelos. En otras palabras, Hitchcock sugiere que el objeto alrededor del cual se organiza nuestro deseo es el producto de un malentendido. Más allá de la trivial constatación de que un objeto solo es deseable a condición de que no lo poseamos, *Vertigo* desvela que *no hay tal objeto* porque en realidad nos lo hemos inventado. Aunque hay un matiz decisivo: Scottie no se inventa a Madeleine; es Elster quien lo hace. Y por eso tenemos que hablar de Elster.

## MADELEINE NUNCA ESTUVO ALLÍ

Ya se ha señalado cuán importante es la secuencia inicial del film: colgado del canalón sobre el vacío, Scottie descubre que padece vértigo y nunca sabremos cómo logra eludir el peligro de muerte en que se encuentra. Antes de esa secuencia, sin embargo, hay otra: los créditos de apertura. Típicos de una época en la que todavía eran la norma antes de ser la excepción, los créditos podían ser empleados para decir algo sobre la historia que estaba a punto de contarse; los de *Vertigo*, ciertamente, dicen mucho. Y lo primero que dicen es que debemos mirar bien. La advertencia puede sonar ociosa; al cine vamos, justamente, a mirar. Pero aquí se está sugiriendo que la mirada será clave en el transcurso de *esta* película; que su tema es la mirada misma. O mejor, que no podemos *ver* la película sin esforzarnos por *mirar* en su interior. Ya que podría pasarnos como a Scottie, que *mira* y, sin embargo, solo *ve* lo que otros —Elster, Judy— quieren que vea.

En términos comparados, los créditos de *Vertigo* son inhabituales en el Hollywood de la época. Mientras se oyen los primeros compases del *score* de Herrmann, aparece en pantalla el legendario logotipo de los estudios Paramount —una montaña de Utah presentada aquí en blanco y negro con el fin de resaltar el color del

sistema VistaVision—justo antes de dar paso a la primerísima imagen del film: la parte inferior derecha de
un rostro de mujer sobre fondo negro. La cámara se
mueve a la izquierda y se aproxima a sus labios pintados, sobre los que se anuncia a James Stewart; a continuación, sube hasta sus ojos; no es Kim Novak, cuyo
nombre aparece cuando la mujer mira brusca y alternativamente a izquierda y derecha, antes de hacerlo
otra vez de frente. Lo que vemos son dos ojos *empeñados* en mirar. La cámara se acerca a uno de ellos y se
detiene; tras superponerse el nombre de Alfred Hitchcock, aparece el color: la pantalla se tiñe de rojo. El título, *Vertigo*, sube desde el fondo de la pupila mientras
los compases del tema musical producen misterio y
expectativa; enseguida, una espiral animada se eleva
hasta dominar el plano, oscureciendo por completo el
fondo; aparecen los nombres de los actores secundarios mientras una segunda espiral realiza el mismo
movimiento. Otras formas animadas se suceden en

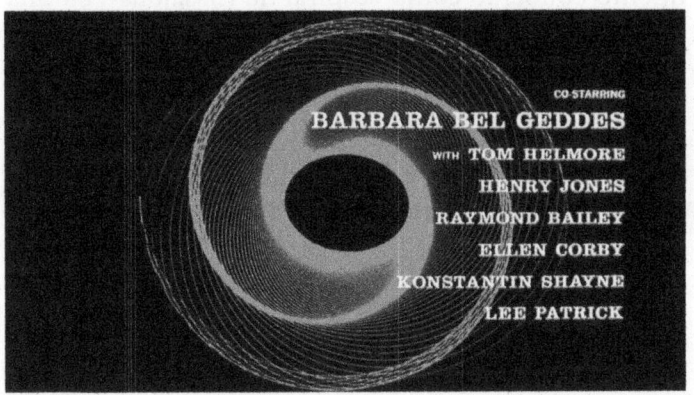

pantalla; se nos presenta a los responsables del guion, la fotografía o la dirección artística. Estas misteriosas formaciones, que por momentos recuerdan a ancestrales organismos invertebrados, siguen girando; el hipnótico desfile concluye con el regreso al ojo de la mujer anónima, de donde emerge otra vez el nombre del realizador. Tras un fundido a negro, aparecen la barra de hierro y la mano del delincuente que se aferra a ella; la funesta peripecia de Scottie acaba de empezar.

Esta prodigiosa apertura es obra de dos hombres, Saul Bass y John Ferren. El diseñador Saul Bass había impresionado a Hitchcock con sus primeros trabajos cinematográficos, que incluyen los créditos de dos títulos de Otto Preminger: la excelente *Carmen Jones* y la más amanerada *El hombre del brazo de oro*. Su asociación con Hitchcock es historia del cine, pese a que solo volvieron a colaborar en *Con la muerte en los talones* y en *Psicosis*. Fue Bass quien vio las espirales —o helicoides, como matizó Rohmer en su momento— del cineasta de vanguardia John Whitney, que seguían el movimiento conocido como «espiral de Lissajous», en una instalación arquitectónica. Bass ha explicado que la secuencia fue diseñada con la intención de reflejar la atmósfera de una película que trata sobre el amor y la obsesión, expresando a la vez la fragmentación psíquica de una mujer a quien un hombre quiere transformar en otra cosa. Pero eso no es, necesariamente, lo que dice la secuencia. Ante todo, aquí se resalta la función de la mirada; empieza una narración en la que los personajes miran y son vistos, simulando a menudo ser algo distinto de lo que son. Scottie no es capaz de ver lo que hay detrás de Madeleine cuando la mira; por eso lo ha elegido Elster. Es evidente que la mujer de los créditos iniciales no es Kim Novak; ¿se trata, quizá, de Madeleine Elster? No hay manera de saberlo. Los créditos insinúan que *Vertigo* es un viaje al interior de la mirada y eso implica forzosamente una exploración de la subjetividad, que condiciona lo que cada uno percibe cuando abre los ojos.

Pensemos en la larga secuencia durante la que Scottie sigue con su coche a Madeleine, tratando de dar sentido a lo que observa sin saber que es el único espectador —junto con nosotros— de una representación cuidadosamente preparada. Aunque cree estar asomándose a la vida cotidiana de una mujer adinerada que da vueltas por la ciudad sin aparente sentido, solo presencia una ficción destinada a confundirle. Y lo logra, ya que Scottie queda fascinado por Madeleine; pronto se crea entre ambos un vínculo perverso basado en la necesidad recíproca de mirar y ser mirado. Ha escrito David Thomson:

> Como cualquier *voyeur*, Hitchcock sabe que mirar es la condición masculina más fervorosa, y entiende que solo puede mantenerse si jamás es satisfecha. [...] Contempla a las mujeres como adorables esclavas en su harén; aunque puede ser cruel con ellas, sabe que mirarlas es su propia cárcel.

Mientras sigue a Madeleine, cayendo en las distintas trampas que se le han tendido por el camino, Scottie pasará de desdeñar el caso a tomárselo como un asunto personal. Resulta a la vez patético y enternecedor comprobar cómo el exagente Ferguson recurre a las cautelas típicas del investigador privado, desplegando un periódico para ocultar su rostro o caminando con sigilo para no ser oído, tomando rápidamente nota del nombre inscrito en la lápida del cementerio y preguntando al ujier del museo por el cuadro que Madeleine contempla. La primera vez que vemos *Vertigo* podemos tomarnos en serio al detective; después sentiremos algo parecido a lo que experimenta él mismo cuando descubre el broche en el cuello de Madeleine: he aquí un profesional al que han tomado el pelo. ¡Y a nosotros con él!

En cualquier caso, conviene no olvidar que la trama del film es resultado del «guion de hierro» —la expresión es de Trías— que Gavin Elster elabora con objeto de deshacerse de su esposa. Elster es el autor principal del film; él es quien compone un conjunto de secuencias para cuya puesta en escena transforma a Judy en una mujer sofisticada y enloquecida en régimen de tiempo parcial. La joven solo se sale del guion en raras ocasiones, dejando que por encima de la ficción asome una verdad que solo podremos reconocer la segunda vez que veamos *Vertigo*. Y así es como podemos reconocer el sarcasmo que Elster se permite cuando apostilla, frente al incrédulo Scottie, que no podría haberse inventado una historia como la que acaba de contarle acerca de su esposa. Elster se comporta como uno de esos «hombres libres y poderosos» que poblaban el San Francisco decimonónico; por algo cita a Scottie en un

exclusivo *gentlemen's club* para que lo ponga al corriente. Nunca sabremos lo suficiente sobre Elster; el guionista, Samuel Taylor, creía que era merecedor de un mayor desarrollo dramático. Es discutible: la falta de información —solo tenemos la que él proporciona cuando departe con Scottie— crea en torno a él un aura de misterio. Pero el caso es que la de Elster resulta ser la única fantasía que se realiza cumplidamente a lo largo del film; el hombre poderoso se ha salido con la suya.

Inversamente, la debilidad de Scottie justifica su elección; el policía incapacitado por el vértigo será una marioneta perfecta ya que, al enamorarse de Madeleine, perderá su «poder y libertad». Se convertirá, víctima de su propia pasión, en títere del villano. Esta pasión se dirige a una mujer inexistente; Pippin subraya que Elster dice la verdad cuando asegura a Scottie que la mujer que vaga por la ciudad «ya no es mi esposa». Es, con todo, una verdad a medias; Judy explicará en la secuencia final que la verdadera Madeleine vivía en el campo y raramente visitaba la ciudad. Durante las representaciones de Judy, la verdadera Madeleine Elster aún vivía y su doble se paseaba por la ciudad. Hay que deducir que su asesinato —«le rompió el cuello»— tiene lugar el mismo día en que Scottie es llevado a la misión para asistir sin saberlo a la escenificación de un falso suicidio; por mucho que Elster tuviera decidido de antemano lo que iba a hacer, los cadáveres huelen mal. Habrá que esperar todavía dos años para que Hitchcock introduzca en su cine el cuerpo momificado de una madre insepulta.

Scottie no sabe que esa mujer es una ficción creada por Elster; para él goza de una existencia tangible. Son las cualidades de la Madeleine interpretada por Judy —belleza, misterio, elegancia— las que atraen al detective, hombre disponible que parece estar aguardando una pasión improbable. Anota Susan Levine que desde la secuencia inicial con Midge sabemos que Scottie experimenta ciertas dificultades con la intimidad sexual, razón por la cual se siente más atraído por una mujer de fantasía que por su bondadosa amiga. Midge queda fuera de la ecuación: Scottie jamás la considera un objeto de deseo. Tampoco a Judy, que solo le interesa como modelo para la recreación de Madeleine; con razón la joven reprocha a Scottie que ni siquiera la toque. Judy es una realidad que no satisface a Scottie, obsesionado con una ficción —Madeleine— que ha tomado por realidad. Hay algo barroco en Scottie.

Que las tribulaciones del detective resulten creíbles obedece al hecho de que la fantasía cumple su papel en cualquier amor romántico. Por más que cada uno pueda tener un tipo ideal, existe un anhelo genérico de amor que pasa de la abstracción a lo particular solo cuando alguien se fija en alguien. En ese sentido, *Vertigo* podría interpretarse como un cuento moral sobre las cualidades autodestructivas de la fantasía romántica: el relato de un doloroso proceso de aprendizaje sobre los espejismos del ideal. Por algo Rohmer había caracterizado la obra como una parábola del conocimiento; Madeleine es una idea que solo existe en la mente de Scottie. Así que en parte tiene razón Donald Spoto cuando describe el amor de Scottie como un «falso amor», una pasión caracterizada por el narcisismo —Scottie no *ve* al otro, la otra, que es Judy— y la neurosis. Es una de las razones por las que la lectura feminista de *Vertigo* no puede operar en régimen de monopolio; difícilmente cabe afirmar que Scottie, incapaz de dominar una pasión obsesiva cuyo objeto es resucitar a la mujer amada por medio de un monumental autoengaño, tiene el poder de su lado. Scottie prefiere la fantasía a la realidad y en esto no está solo; Judy, otra fantaseadora, quiere retomar su relación con Scottie, volviendo a encarnar a Madeleine sin desvelar su conocimiento del papel. El tango lo bailan dos.

A la postre, Scottie siente fascinación por un *personaje* que Elster, ingenioso hacedor de ficciones románticas por debajo de las cuales late un impulso criminal, ha ideado; solo en la segunda parte se lleva a cabo una re-creación *de* Madeleine *en* Judy que bien puede contemplarse como el patético intento —«te quise tanto»— por devolver a la vida un amor que ya está muerto. A este respecto, Molly Haskell ha subrayado que «las imágenes que construimos y de las que nos enamoramos son al menos tan importantes y "reales" como la realidad». ¡Claro! La frontera entre ficción, *performance* y realidad se desdibuja en *Vertigo*; solo Elster permanece al margen, anclado en lo real, manejando los hilos desde el exterior del escenario. Sus apariciones nos muestran a un hombre frío, seguro de sí mismo, que se desenvuelve como un consumado actor hasta el último minuto. Incluso se permite una última ironía cuando, tras hacerse público el veredicto del *coroner*, se despide de Scottie: «No hay forma de que ellos lo entiendan. Pero tú y yo sabemos quién mató a Madeleine». Por supuesto, Scottie aún no lo sabe; libre del control de Elster, llegará a saberlo. Y ese conocimiento prohibido lo pondrá de nuevo, literalmente, al borde del abismo.

Las sucesivas transformaciones de Judy en Madeleine guardan asimismo relación con las ficciones hollywoodenses y, más ampliamente, con esa industria de la be-

lleza de la que participan al alimón tanto las mujeres que se preparan para ser miradas como los hombres que las miran; sin olvidarnos de las mujeres que miran a las mujeres y demás posibles combinaciones intergenéricas. Dado que no sabemos nada sobre el proceso mediante el cual Elster convierte a Judy en Madeleine, que tiene lugar en *off*, será el tratamiento estético auspiciado por Scottie el que permita establecer ese paralelismo. En su estudio sobre el film, el italiano Roy Menarini ha destacado la importancia del vestuario y la moda en *Vertigo*, sugiriendo que la redefinición del *look* de Judy puede contemplarse desde un punto de vista «fashionista» como el proceso mediante el cual el estilista de la joven dirige uno de esos *make-overs* que nutren los programas televisivos contemporáneos. Pero la mayor parte de los comentaristas toma un camino distinto, como hace ese Pippin que apuesta fuerte: «La secuencia es la más brutal y descarnada escenificación cinematográfica de la proyección de las fantasías del deseo masculino sobre una mujer tratada como un mero objeto». Más: Anne Billson sostiene que la película no solo refleja los intentos de Hitchcock por controlar a sus protagonistas femeninas, sino que nos recuerda cómo Hollywood ha dado forma a los patrones contemporáneos del romance heterosexual. Su vocación sería, acaso, desenmascaradora: «*Vertigo* no es una muestra de misoginia, sino su deconstrucción trágica, hermosa y exagerada». Aun así, conviene distinguir: una cosa es la similitud que pueda guardar la transformación de Judy en Madeleine con la preparación de las estrellas para el rodaje —señalada por la propia Kim Novak cuando rememora su experiencia en la industria— y otra bien distinta son las conductas amorosas tal como se dramatizan en el cine hollywoodense.

Viene así a cuento la distinción que hace la teórica feminista Teresa de Lauretis entre *la* mujer como representación cultural y *las* mujeres como individuos históricos particulares que se relacionan de distintas maneras con ese imaginario colectivo. Entre las tecnologías sociales que participan en la construcción cultural del género se cuenta el cine, siendo cine «feminista» aquel que se dirige a las *mujeres* más que a la *mujer*; aquel, en fin, que las representa como sujetos capaces de ejercer su autonomía para decidir de qué manera quieren vivir. Si aceptamos esa premisa, *Vertigo* resulta ser más emancipatoria que represiva; de su formidable belleza plástica emanan significados que encierran valiosas lecciones sobre el riesgo que acarrean las fantasías cuando perdemos el control sobre ellas. Porque de ellas no podemos prescindir; el peligro está en que nos devoren. Pero el cine no es un todopoderoso *creador* de hábitos amorosos; hay algo universal en la desesperación de Scottie tras perder a la mujer que ama, como lo hay en el deseo de Judy de gustar al hombre con quien quiere estar. Se antoja más verosímil suponer que el cine *potencia* tendencias humanas universales, dándoles formas particulares y contando para ello —eso sí que es hollywoodense— con ejemplares carismáticos de la especie.

Estamos, en fin, ante un juego de cajas chinas: Madeleine es una ficción creada por Elster a partir de las fantasías que estructuran el amor romántico, que condicionan tanto el impulso erótico como las etapas iniciales del enamoramiento. Scottie y Judy jamás alcanzan la fase matrimonial; otros golpes de realidad, menos prosaicos, se interponen en el camino. De ahí la descarga emocional que se produce en el desenlace, libre de cualquier adorno, impregnado de un pesimismo inédito en el cine de Hitchcock hasta esa fecha y desacostumbrado en una industria aficionada al final feliz que imponía la censura. Ya se ha señalado que Scottie sube al campanario pensando en liberarse, arrastrando a Judy en plena noche al escenario del crimen. Su éxito racional le colocará frente a una verdad calamitosa que inspira en él una rabia incontenible, conduciéndole —espectral monja mediante— al fracaso amoroso y la desolación vital. Por algo dice Perkins que el tema de *Vertigo* es la destrucción de la vida a manos de la fantasía: Scottie ha

perdido el futuro que creyó haber conquistado tras entablar relación con Madeleine; un futuro que por un momento parecía haber recuperado tras encontrarse con Judy. No es que su propia historia se repita como farsa, sino que desde el comienzo era literalmente una farsa que ha terminado en tragedia.

*Vertigo* no deja lugar a la esperanza; la búsqueda del ideal, alcanzado de manera solo provisional, acaba en la muerte. Y es una muerte —la de Judy— provocada por un agente de la fe, esa monja intempestiva que surge de las tinieblas y sirve como sarcástico comentario de Hitchcock sobre los consuelos de la religión. Tal como ha subrayado Castro de Paz, la derrota del ideal es completa; Scottie no podrá aferrarse al recuerdo de ninguna Madeleine, ni la primera ni la segunda, porque ni siquiera ese recuerdo es real. Ha tratado tan intensamente con ficciones que él mismo acaba convertido en una; si Madeleine era «una falsificación», como Scottie reprocha a Judy en el campanario, ¿en qué se ha convertido él? Scottie se ha curado de su vértigo, pero ya no tiene alturas a las que subirse. ¡Nihilismo amoroso! Nosotros, espectadores de su desgracia, lo tenemos más fácil: sean cuales sean los desengaños que la vida nos depare, siempre podremos refugiarnos en esta ficción sublime y fatal.

## THE END

Es razonable suponer que *Vertigo* tiene un glorioso futuro por delante: incluida de manera habitual en las listas de las mejores películas de la historia y considerada una de las cimas artísticas de su emblemático creador, parece difícil que vuelva a desaparecer de nuestra vista. Y aun si eso volviera a suceder, le pasaría lo mismo que a la Mary Rose de Barrie: salvaguardada por su belleza de los achaques del tiempo, regresaría a nosotros intacta, dispuesta a hipnotizarnos otra vez por medio de sus misteriosas imágenes. Asunto distinto sería que se acabara el cine; en ese caso, también *Vertigo* se acabaría. Y es un hecho que el acceso a las plataformas digitales está educando a varias generaciones en la idea de que no hace falta acudir a las salas para disfrutar de productos audiovisuales al alcance de una suscripción mensual. Sin embargo, los festivales siguen celebrándose y esas mismas webs dan cobijo al cine del pasado; no todo está perdido. De hecho, las películas de Hitchcock siguen siendo populares y pueden continuar sirviendo como puerta de entrada a la cueva donde se acumulan los tesoros de la industria.

Se puede decir de otra manera: si llevamos más de sesenta años viendo y discutiendo *Vertigo*, ¿por qué íbamos a dejar de hacerlo? Seguimos frecuentando *El Quijote* o *Madame Bovary*, aunque hoy leamos esas novelas —junto con muchas otras— de manera diferente. Aún encontramos novedades en las narraciones del pasado, ya sean novelas o películas, sin dejar de sentirnos interpelados por lo que sus autores quisieron expresar en su momento. Por mucho que cambien las circunstancias históricas y pese a la extrañeza que los mundos sociales recreados en las ficciones de ayer puedan llegar a causarnos, seguimos reconociéndonos en ellas y preguntándonos por sus significados; tal es su capacidad para representar exitosamente —a través de las formas apropiadas en cada caso— rasgos particulares de la experiencia humana dotados de resonancia universal. El pasado, en definitiva, sigue con nosotros.

Para colmo, el catálogo es amplísimo: el desgarrado dilema de Antígona y de los Corleone entre la sangre y la ley; la traición del amigo carismático en *El tercer hombre* y las ensoñaciones románticas de *Ana Karénina*; la complejidad polifónica de las relaciones sociales en *La regla del juego* o *Nashville*; la lucha contra la tiranía en *Roma, ciudad abierta* o *Vida y destino*; el conflicto entre las generaciones en *Cuentos de Tokio* y la decadencia familiar en *Los Buddenbrook* o *El cuarto mandamiento*; la experiencia de la gran ciudad en *Amanecer* y *Manhattan Transfer*; la alienación moderna en *Memorias del subsuelo* o *Taxi Driver*; las ambigüedades del heroísmo masculino en la *Ilíada* o *Grupo salvaje*; las pasiones turbulentas del amor joven en *Lady Chatterley* o *Amanecer* y el arribismo impaciente del buscavidas sin escrúpulos en

*Rojo y negro* o *Escándalo en Broadway*. No se trata de abrir un debate sobre la superioridad de unas formas artísticas sobre otras, sino de subrayar que todas ellas nos dicen algo valioso de manera atractiva sobre asuntos que nos conciernen. Una película como *Vertigo* confirma que Godard tenía razón cuando declaraba en *Cahiers*, allá por abril de 1959, lo siguiente: «Hemos ganado al asumir el principio de que una película de Hitchcock es tan importante como un libro de Aragon». ¡O, incluso, más importante! Y no hay necesidad de permanecer siempre en las cumbres: tanto el cine como la literatura poseen una vasta serie B capaz de proporcionarnos incontables alegrías.

En el marco de la vida fugaz del individuo, enraizada en un planeta que parece bailar en el vacío cósmico, los consuelos del arte pueden parecernos poca cosa. Sin embargo, el contacto con las narraciones nos ayuda a comprender la peripecia humana; mientras haya individuos empeñados en reflexionar sobre su propia condición seguiremos en contacto con las ficciones que hemos ido acumulando durante los últimos veinticinco siglos. Hay que admitir que no todos los soportes son iguales; el libro goza de una accesibilidad elemental que el cine no puede replicar. Algunos géneros pasan de moda; ni la poesía ni la zarzuela son lo que fueron y ya no es costumbre reunirse para escuchar cantares de gesta. De ahí que no podamos saber con certeza qué porvenir aguarda a la novela o el cine: nadie sabe si dentro de trescientos años seguirán donde están. Bastante difícil nos resulta proyectarnos unas pocas décadas hacia delante.

Seamos, entonces, cautos: mientras sigamos en contacto con las manifestaciones artísticas de la modernidad, *Vertigo* seguirá con nosotros, brillando con luz propia gracias a su fuerza plástica y a su riqueza temática. El secreto de su vitalidad está al descubierto: sus imágenes se abren a distintos significados y estimulan diferentes respuestas según cuáles sean el bagaje intelectual o la experiencia personal de cada espectador. Si creemos haberla comprendido del todo, es que algo se nos escapa. Sus temas poseen alcance universal —pasión amorosa, lucha contra la muerte, obsesión romántica, tiranía del tiempo— y encuentran el mejor vehículo posible en la belleza intoxicante de sus formas; la película subyuga sin dejar de inquietar. En su centro se encuentra, además, una paradoja: esta ficción suprema nos advierte de manera sutil sobre la potencial letalidad de las ficciones en las que elegimos creer. ¿Sabríamos, sin embargo, vivir sin ellas? Nadie podría imaginar que *Vertigo* no existiera. *Play it again, Hitch!*

# BIBLIOGRAFÍA

ABEL, RICHARD, «*Stage Fright*: The Knowing Performance», *Film Criticism*, vol. 9, n.º 2 (1984), p. 41.

ALLEN, RICHARD, *Hitchcock's Romantic Irony*, Nueva York, Columbia University Press, 2007.

ÁLVAREZ CASTILLO, Esperanza, *Vertigo: Diagnóstico de una desolación*, Madrid, Providence Ediciones, 2022.

ANDERSON, LINDSAY, «Alfred Hitchcock», en A. LaValley, ed., *Focus on Hitchcock*, New Jersey, Prentice Hall, 1972, pp. 48-59.

AUILER, DAN, *Vertigo: The Making of a Hitchcock Classic*, Nueva York, St. Martin's Press, 1998.

BARR, CHARLES, *Vertigo*, Londres, BFI/Palgrave, 2.ª ed., 2012.

BAZIN, ANDRÉ, «Hitchcock *versus* Hitchcock», en A. LaValley, ed., *Focus on Hitchcock*, New Jersey, Prentice Hall, 1972, pp. 60-69.

BÉNARD DA COSTA, JOÃO, *Muy de la casa: Los actores de mi vida*, Sevilla, Athenaica, 2023.

BERGSTROM, JANET, «Lost in Translation? Listening to the Hitchcock-Truffaut Interview», en T. Leitch y L. Poague, eds., *A Companion to Alfred Hitchcock*, Malden, Wiley-Blackwell, 2014, pp. 387-404.

BICKERTON, EMILIE, *A Short History of «Cahiers du Cinéma»*, Londres y Nueva York, Verso, 2009.

BIDISHA, «What's wrong with Hitchcock's women», *The Guardian*, 21 de octubre de 2010.

BILLSON, ANNE, *A Short Story of «Cahiers du Cinéma»*, Londres y Nueva York, Verso, 2011.

—, «*Vertigo* is not the last word in misogyny, but a feminist deconstruction of it», *The Guardian*, 28 de junio de 2018.

BLACKWELL, GABRIEL, *Madeleine E.*, San Francisco, Outpost 19, 2016.

BOILEAU, PIERRE y THOMAS NARCEJAC, *De entre los muertos*, Barcelona, Plaza y Janés, 1959.

BORDWELL, DAVID, JANET STAIGER y KRISTIN THOMPSON, *The Classical Hollywood Cinema: Film Style & Mode of Production to 1960*, Londres, Routledge, 1988. [Hay trad. cast.: *El cine clásico de Hollywood: Estilo cinematográfico y modo de producción hasta 1960*, Barcelona, Paidós, 1997].

—, *Reinventing Hollywood: How 1940s Filmmakers Changed Movie Storytelling*, Chicago y Londres, The University of Chicago Press, 2017.

BRAUDY, LEO, «Hitchcock, Truffaut, and the Irresponsible Audience», *Film Quarterly*, vol. 21, n.º 4 (1968), pp. 21-27.

BURCH, NOËL, *Praxis del cine*, Madrid, Fundamentos, 1986.

CABRERA INFANTE, Guillermo, *Arcadia todas las noches*, Barcelona, Seix Barral, 2.ª ed., 1980.

—, *Un oficio del siglo XX*, Madrid, Alfaguara, 1993.

—, *Cine o sardina*, Madrid, Alfaguara, 1997.

CAMPORESI, VICTORIA, *Pensar la historia del cine*, Madrid, Cátedra, 2014.

CARREÑO, JOSÉ MARÍA, *Alfred Hitchcock*, Madrid, Ediciones JC, 1980.

CARROLL, NOËL, «The Impossible Love», en K. Makkai, ed., *Vertigo*, Londres, Routledge, 2013, pp. 71-88.

CARSON, ALBERT, *Albertine: Rutina de ejercicios*, Madrid, Vaso Roto, 2015.

CASTRO DE PAZ, JOSÉ LUIS, «De Bazin a Bordwell a través de Hitchcock: Algunas cuestiones acerca de la reflexión crítica y los límites del modelo clásico de Hollywood», *Archivos de la Filmoteca*, vol. 22 (febrero de 1996), pp. 110-123.

—, *Vertigo/De entre los muertos*, Barcelona, Paidós, 1999.

—, *El surgimiento del telefilme: Los años cincuenta y la crisis de Hollywood: Alfred Hitchcock y la televisión*, Barcelona, Paidós, 1999.

—, *Alfred Hitchcock*, Madrid, Cátedra, 2000.

CAVALLETTI, ANDREA, *Vertigo: La tentación de la identidad*, Buenos Aires, Adriana Hidalgo, 2019.

CAVELL, STANLEY, *Contesting Tears: The Hollywood Melodrama of the Unknown Man*, Chicago y Londres, The University of Chicago Press, 1996. [Hay trad. cast.: *Más allá de las lágrimas*, Boadilla del Monte, A. Machado Libros, 2009].

CHABROL, CLAUDE y ÉRIC ROHMER, *Hitchcock*, Buenos Aires, Manantial, 2010.

CHAUDHURI, SHOHINI, *Feminist Film Theories*, Routledge, Londres, 2006.

COHEN, PAULA MARANTZ, «Hitchcock's Revised American Vision: *The Wrong Man* and *Vertigo*», en J. Freedman y R. Millington, eds., *Hitchcock's America*, Oxford y Nueva York, Oxford University Press, 1999, pp. 155-172.

—, «Conceptual Suspense in Hitchcock's Films», en T. Leitch y L. Poague, eds., *A Companion to Alfred Hitchcock*, Malden, Wiley-Blackwell, 2014, pp. 126-138.

CONRAD, PETER, *The Hitchcock Murders*, Londres, Faber & Faber, 2001. [Hay trad. cast.: *Los asesinatos de Hitchcock*, Madrid/Ciudad de México, Turner/FCE, 2003].

CUNNINGHAM, DOUGLAS A., ed., *The San Francisco of Alfred Hitchcock's «Vertigo»: Place, Pilgrimage, and Commemoration*, Londres, Rowan y Littlefield, 2017.

DEUTELBAUM, MARSHALL y LELAND POAGUE, *A Hitchcock Reader*, Malden, Wiley-Blackwell, 2.ª ed., 2009.

DIDION, JOAN, *South and West*, Londres, 4th State, 2017. [Hay trad. cast.: *Sur y oeste: extractos de un cuaderno*, Barcelona, Literatura Random House, 2018].

DIXON, SIMON, «The figure in the background: Stardom and filmic space», en K. Hart, ed., *Film and Television Stardom*, Newcastle, Cambridge Scholars Publishing, 2002, pp. 280-296.

DOTY, ALEXANDER, «Queer Hitchcock», en T. Leitch y L. Poague, eds., *A Companion to Alfred Hitchcock*, Malden, Wiley-Blackwell, 2014, pp. 473-490.

DREYER, CARL THEODOR, «Imaginación y color», incluido en el libreto de la edición en Blu-ray de *Gate of Hell*, Eureka!, 2012.

DURGNAT, RAYMOND, *The Strange Case of Alfred Hitchcock or the Plain Man's Hitchcock*, Londres, Faber & Faber, 1974.

ESQUENAZI, JEAN-PIERRE, *Vertigo: Hitchcock et l'invention à Hollywood*, París, CNRS, 2011.

FALCINELLI, RICCARDO, *Cromorama: Cómo el color transforma nuestra visión del mundo*, Barcelona, Taurus, 2019.

FERNÁNDEZ-SANTOS, ÁNGEL, «El abismo interior», *El País*, 27 de marzo de 1990.

FREEDMAN, JONATHAN, «From *Spellbound* to *Vertigo*: Alfred Hitchcock and Therapeutic Culture in America», en J. Freedman y R. Milligan, eds., *Hitchcock's America*, Oxford y Nueva York, Oxford University Press, 1999, pp. 77-98.

— y RICHARD MILLINGTON, eds., *Hitchcock's America*, Oxford y Nueva York, Oxford University Press, 1999.

FRIEDLANDER, ELI, «Being-in-(Technicolor)», en K. Makkai, ed., *Vertigo*, Londres, Routledge, 2013, pp. 174-193.

GILMORE, RICHARD, «Hitchcock and Philosophy», en T. Leitch y L. Poague, eds., *A Companion to Alfred Hitchcock*, Malden, Wiley-Blackwell, 2014, pp. 493-507.

GIMFERRER, PERE, *Cine y literatura*, ed. rev. y ampl., Barcelona, Austral, 2012.

GORDON, PAUL, *Dial M for mother: A Freudian Hitchcock*, New Jersey, Fairleigh Dickinson, 2008.

GOTTLIEB, SIDNEY, ed., *Hitchcock on Hitchcock: Selected Writings and Interviews*, 2 vols., Berkeley y Los Ángeles, University of California Press, 1997. [Hay trad. cast.: *Hitchcock por Hitchcock: Escritos y entrevistas*, 2 vols., Buenos Aires, El Cuenco de Plata, 2016-2017].

GREENE, ROLAND, «Baroque *Vertigo*», en D. Cunningham, ed., *The San Francisco of Alfred Hitchcock's «Vertigo»: Place, Pilgrimage, and Commemoration*, Londres, Rowan y Littlefield, 2017, pp. 27-40.

GUNNING, TOM, «The Cinema of Attraction: Early Film, Its Spectator and the Avant Garde», *Wide Angle*, vol. 8, pp. 63-70.

HAEFFNER, NICHOLAS, *Alfred Hitchcock*, Harlow, Pearson, 2005.

HANSEN, MIRIAM, «The Mass Production of the Senses», en C. Gledhill y L. Williams, eds., *Reinventing Film Studies*, Londres, Edward Arnold, 2000, pp. 332-350.

HASKELL, MOLLY, *From Reverence to Rape: The Treatment of Women in the Movies*, Chicago, University of Chicago Press, 3.ª ed., 2016.

HEMMETER, THOMAS, «Hitchcock's Narrative Modernism», en T. Leitch y L. Poague, eds., *A Companion to Alfred Hitchcock*, Malden, Wiley-Blackwell, 2014, pp. 67-86.

HITCHCOCK, PAT y LAURENT BOUZEREAU, *Alma Hitchcock: The Womand Behind the Man*, Nueva York, Berkley Books, 2003.

HOROWITZ, GREGG, «A Made-to-Order Witness: Women's Knowledge», en K. Makkai, ed., *Vertigo*, Londres, Routledge, 2013, pp. 112-138.

JACOBINOWITZ, FLORENCE, «Hitchcock and Feminist Criticism: From *Rebecca* to *Marnie*», en T. Leitch y L. Poague, eds., *A Companion to Alfred Hitchcock*, Malden, Wiley-Blackwell, 2014, pp. 452-472.

JULIBERT, ELISENDA, *Hombres fatales: Metamorfosis del deseo masculino en la literatura y el cine*, Barcelona, Acantilado, 2022.

KEANE, MARIAN, «A Closer Look at Scopophilia: Mulvey, Hitchcock, and *Vertigo*», en M. Deutelbaum y L. Poague, *A Hitchcock Reader*, Malden, Wiley-Blackwell, 2009, pp. 234-249.

KITCHING, JOSHUA, «Whose Grave? Hitchcock's *Vertigo* and the Sad Specters of the Mission Dolores Cemetery», en

D. Cunningham, ed., *The San Francisco of Alfred Hitchcock's «Vertigo»: Place, Pilgrimage, and Commemoration*, Londres, Rowan y Littlefield, 2017, pp. 3-26.

KRAFT, JEFF y AARON LEVENTHAL, *Footsteps in the Fog: Alfred Hitchcock's San Francisco*, Solana Beach, Santa Monica Press, 2022.

KROHN, BILL, *Alfred Hitchcock*, Londres y Nueva York, Phaidon, 2013. [Hay trad. cast.: *Alfred Hitchcock*, París, Cahiers du Cinéma, 2010].

LAVALLEY, ALBERT J., ed., *Focus on Hitchcock*, New Jersey, Prentice Hall, 1972.

LEFF, LEONARD J., *Hitchcock & Selznick*, Barcelona, Laertes, 1991.

LEITCH, THOMAS, «The Hitchcock Moment», en S. Gottlieb y C. Brookhouse, eds., *Framing Hitchcock: Selected Essays from the Hitchcock Annual*, Detroit, Wayne State University Press, 2002, pp. 180-198.

—, «Hitchcock's Lives», en T. Leitch y L. Poague, eds., *A Companion to Alfred Hitchcock*, Malden, Oxford, Wiley-Blackwell, 2014, pp. 11-27.

— y LELAND POAGUE, eds., *A Companion to Alfred Hitchcock*, Malden, Wiley-Blackwell, 2014.

LEVINE, SUSAN, «Means and ends in Hitchcock's *Vertigo*, or Kant you see?», *The International Journal of Psychoanalisis*, vol. 96 (2015), pp. 225-237.

LINDERMAN, DEBORAH, «The Mise-en-Abîme in Hitchcock's *Vertigo*», *Cinema Journal*, vol. 30, n.º 4 (1991), pp. 51-74.

MAKKAI, KATALIN, «*Vertigo* and Being Seen», en K. Makkai, ed., *Vertigo*, Londres, Routledge, 2013, pp. 139-173.

—, ed., *Vertigo*, Londres, Routledge, 2013.

MARKER, CHRIS, «A Free Replay (Notes sur "Vertigo"), *Positif*, 400, pp. 79-84.

MCELHANEY, JOE, «Hitchcock, Metteur-en-scène: 1954-60», en T. Leitch y L. Poague, eds., *A Companion to Alfred Hitchcock*, Malden, Wiley-Blackwell, 2014, pp. 329-346.

MCGILLIGAN, PATRICK, *Hitchcock: Una vida de luces y sombras*, Madrid, T&B, 2005.

MCGOWAN, TODD, «Hitchcock's Ethics of Suspense: Psychoanalisis and the Devaluation of the Object», en T. Leitch y L. Poague, eds., *A Companion to Alfred Hitchcock*, Malden, Wiley-Blackwell, 2014, pp. 508-528.

MCKITTRICK, CASEY, *Hitchcock's Appetites: The Corpulent Plots of Desire and Dread*, Londres, Bloomsbury, 2016.

MENARINI, ROY, *Hitchcock: La donna che visse due volte*, Carocci, Roma, 2023.

MODLESKI, TANIA, *The Women Who Knew Too Much: Hitchcock and Feminist Theory*, Nueva York y Londres, Routledge, 3.ª ed., 2016. [Hay trad. cast.: *Las mujeres que sabían demasiado: Hitchcock y la teoría feminista*, Madrid, EL Mono Libre, 2021].

MOGG, KEN, «Hitchcock's Literary Sources», en T. Leitch y L. Poague, eds., *A Companion to Alfred Hitchcock*, Malden, Wiley-Blackwell, 2014, pp. 28-47.

MOLDES, DIEGO, *La huella de Vértigo*, Ediciones JC, Madrid, 2004.

MONTERDE, JOSÉ ENRIQUE, «La modernidad cinematográfica», en J. E. Monterde y E. Riambau, eds., *Historia general del cine*, vol. IX: *Europa y Asia (1945-1959)*, Madrid, Cátedra, 1996, pp. 15-46.

MOULLET, LUC, *Política de los actores*, Sevilla, Athenaica, 2021.

MULVEY, LAURA, *Visual and other Pleasures*, Basingstoke, Macmillan, 1989.

NESS, RICHARD, «Family Plots: Hitchcock and Melodrama», en T. Leitch y L. Poague, eds., *A Companion to Alfred Hitchcock*, Malden, Wiley-Blackwell, 2014, pp. 109-125.

PAGLIA, CAMILLE, *Sexual Personae: Art and Decadence from Nefertiti to Emily Dickinson*, Nueva York, Vintage Books, 1991. [Hay trad. cast.: *Sexual personae: Arte y decadencia desde Nefertiti a Emily Dickinson*, Barcelona, Deusto, 2020].

PAPPAS, NICKOLAS, «Magic and Art in *Vertigo*», en K. Makkai, ed., *Vertigo*, Londres, Routledge, 2013, pp. 18-44.

PERKINS, V. F., *Film as Film: Understanding and Judging Movies*, Boston, Da Capo Press, 1993. [Hay trad. cast.: *El lenguaje del cine*, Madrid, Fundamentos, 1976].

PIPPIN, ROBERT B., *The Philosophical Hitchcock. «Vertigo» and the Anxieties of Unknowingness*, Chicago y Londres, University of Chicago Press, 2017. [Hay trad. cast.: *Hitchcock filósofo: «Vértigo» y las ansiedades del desconocimiento*, Córdoba, Universidad de Córdoba, 2018].

POMERANCE, MURRAY, «Some Hitchcockian Shots», en T. Leitch y L. Poague, eds., *A Companion to Alfred Hitchcock*, Malden, Wiley-Blackwell, 2014, pp. 237-252.

RAUBICHECK, WALTER y WALTER SREBNICK, *Hitchcock's Rereleased Films: From «Rope» to «Vertigo»*, Detroit, Wayne State University, 1991.

ROCHE, MARK W., *Alfred Hitchcock: Filmmaker and Philosopher*, Londres, Bloomsbury, 2022.

RODENBACH, GEORGES, *Brujas la Muerta*, Madrid, Vaso Roto, 2011.

ROHMER, ÉRIC, «La hélice y la idea», *Cahiers du Cinéma*, vol. 93 (marzo de 1959).

ROTHMAN, WILLIAM, *Hitchcock: The Murderous Gaze*, Harvard, Cambridge University Press, 1982.

—, «Scottie's Dream, Judy's Plan, Madeleine's Revenge», en K. Makkai, ed., *Vertigo*, Londres, Routledge, 2013, pp. 45-70.

RUSSO, EDUARDO, *El cine clásico: Itinerarios, variaciones y replanteos de una idea*, Buenos Aires, Manantial, 2008.

SALZBERG, ANA, «VistaVision and the Cinematic Landscape of *Vertigo*», en D. Cunningham, ed., *The San Francisco of Alfred Hitchcock's «Vertigo»: Place, Pilgrimage, and Commemoration*, Londres, Rowan y Littlefield, 2017, pp. 63-79.

SANDHU, SUKHDEV, «Alfred the great... or Hitchcock the second-rate?», *Prospect*, julio 2023.

SARRIS, ANDREW, *The American Cinema: Directors and Directions 1929-1968*, Boston, Da Capo Press, 1996. [Hay trad. cast.: *Grandes directores del cine norteamericano: La era dorada (1929-1969)*, Málaga, Cult Books, 2020].

SCHATZ, THOMAS, *The Genius of the System: Hollywood Filmmaking in the Studio Era*, Nueva York, Metropolitan Books, 1996.

SILVERMAN, KAJA, *Male Subjectivity at the Margins*, Londres y Nueva York, Routledge, 1992.

SIMENON, GEORGES, *Carta a mi juez*, Barcelona, Tusquets, 1995.

SIMON, WILLIAM, «*Hitchcock: The Languages of Madness*», en W. Raubicheck y W. Srebnick, eds., *Hitchcock's Rereleased Films: From «Rope» to «Vertigo»*, Detroit, Wayne State University, 1991, pp. 109-115.

SMITH, SUSAN, *Hitchcock: Suspense, Humour, and Tone*, Londres, British Film Institute, 2000.

SOLNIT, REBECCA, *A Field Guide to Getting Lost*, Edimburgo, Canongate Books, 2017. [Hay trad. cast.: *El arte de perderse*, Madrid, Capitán Swing, 2020].

SPOTO, DONALD, *The Art of Alfred Hitchcock: Fifty Years of His Motion Pictures*, Fourth State, Londres, 1992. [Hay trad. cast.: *El arte de Alfred Hitchcock: Todas sus películas*, Barcelona, RBA, 1992].

—, *The Dark Side of Genius: The Life of Alfred Hitchcock*, Nueva York, Ballantine, 1993. [Hay trad. cast.: *Alfred Hitchcock: La cara oculta del genio*, Barcelona, RBA, 2008].

—, *Spellbound by Beauty: Alfred Hitchcock and his Leading Ladies*, Nueva York, Harmony Books, 2009.

STAM, ROBERT, «Hitchcock and Buñuel: Authority, Desire, and the Absurd», en W. Raubicheck y W. Srebnick, eds., *Hitchcock's Rereleased Films: From «Rope» to «Vertigo»*, Detroit, Wayne State University, 1991, pp. 116-146.

SULLIVAN, JACK, «Hitchcock and Music», en T. Leitch y L. Poague, eds., *A Companion to Alfred Hitchcock*, Malden, Wiley-Blackwell, 2014, pp. 219-236.

TAVERNIER, BERTRAND y JEAN-PIERRE COURSODON, *50 años de cine norteamericano*, Madrid, Akal, 2006.

TAYLOR, JOHN RUSSELL, *Hitch*, Londres, Abaccus, 1981.

TAYLOR, SAMUEL, «A Talk by Samuel Taylor, Screenwriter of *Vertigo*», en W. Raubicheck y W. Srebnick, eds., *Hitchcock's Rereleased Films: From «Rope» to «Vertigo»*, Detroit, Wayne State University, 1991, pp. 287-300.

THOMSON, DAVID, «*Vertigo* after Weinstein», *London Review of Books*, 21 de junio de 2018.

—, *Sleeping with Strangers: How the Movies Shaped Desire*, Nueva York, Alfred A. Knopf, 2019.

—, *A Light in the Dark: A History of Movie Directors*, Londres, Widenfeld and Nicolson, 2020.

TOMLINSON, DOUT, «"They should be treated like cattle": Hitchcock and the Question of Performance», en W. Raubicheck y W. Srebnick, eds., *Hitchcock's Rereleased Films: From «Rope» to «Vertigo»*, Detroit, Wayne State University, 1991, pp. 95-108.

TRÍAS, EUGENIO, *Vértigo y pasión*, Madrid, Taurus, 1998.

—, *De cine*, Barcelona, Galaxia Gutenberg, 2013.

TRUFFAUT, FRANÇOIS, *El cine según Hitchcock*, Madrid, Alianza, 1990.

—, *Hitchcock by François Truffaut*, ed. rev., Londres, Faber & Faber, 2017.

USÓN, FERNANDO, «A través del lienzo: *Vertigo* (1)», blog *Capricho cinéfilo*, 25 de mayo de 2018; disponible en: <https://caprichocinefilo.wordpress.com/2018/05/25/a-traves-del-lienzo-1-vertigo-alfred-hitchcock-y-richard-mueller-1958/>.

—, «A través del lienzo: *Vertigo* (y 2)», blog *Capricho cinéfilo*, 8 de junio de 2018; disponible en: <https://caprichocinefilo.wordpress.com/2018/05/25/a-traves-del-lienzo-y-2-vertigo-alfred-hitchcock-y-richard-mueller-1958/>.

WALKER, MICHAEL, *Hitchcock's Motifs*, Ámsterdam, Amsterdam University Press, 2005.

WEST, ANN, «The concept of the fantastic in *Vertigo*», en W. Raubicheck y W. Srebnick, eds., *Hitchcock's Rereleased Films: From «Rope» to «Vertigo»*, Detroit, Wayne State University, 1991, pp. 163-174.

WEXMAN, VIRGINIA WRIGHT, «The Critic as Consumer: Film Study in the University, *Vertigo*, and the Film Canon», *Film Quarterly*, vol. 39, n.º 3 (1986), pp. 32-41.

WHITE, EDWARD, *The Twelve Lives of Alfred Hitchcock: An Anatomy of the Master of Suspense*, Nueva York, W. W. Norton & Company, 2021. [Hay trad. cast.: *Las doce vidas de Alfred Hitchcock: Anatomía del maestro del suspense*, Madrid, Alianza, 2022].

WHITE, SUSAN, «A Surface Collaboration: Hitchcock and Performance», en T. Leitch y L. Poague, eds., *A Companion to Alfred Hitchcock*, Malden, Wiley-Blackwell, 2014, pp. 181-198.

WHITTY, STEPHEN, *The Alfred Hitchcock Encyclopedia*, Lanham, Rowan & Littlefield, 2016.

WILLIAMS, LINDA, «Learning to Scream», *Sight & Sound*, vol. 4, n.º 2 (abril de 1994), p. 14.

WITT, MICHAEL, *Jean-Luc Godard, Cinema Historian*, Bloomington, Indiana University Press, 2013.

WOLLEN, PETER, «Compulsion», *Sight & Sound*, vol. 7, n.º 4 (abril de 1997), p. 14.

WOOD, ROBIN, *Hitchcock's Films Revisited*, Nueva York, Columbia University Press, 1989.

# ÍNDICE ALFABÉTICO

Abel, Richard, 164

Adorno, Theodor, 233

Akerman, Chantal, 114

   *Jeanne Dielman, 23, quai du Commerce, 1080 Bruxelles*, 18

*Alfred Hitchcock Presents*, episodios de, 51, 74, 83, 131

Allen, Lewis: *The Uninvited*, 70

Allen, Richard, 102, 134

Althusser, Louis, 154

Altman, Robert: *That Cold Day in the Park*, 21

Álvarez Castillo, Esperanza, 174, 194

*Ana Karénina*, 264

Anderson, Lindsay, sobre Hitchcock, 30

Anderson, Maxwell, 57

   *All Quiet on the Western Front*, 56

   *La muerte de vacaciones*, 56

Anderson, Paul Thomas: *Vicio propio*, 20

Andrews, Dana, 119

Andrews, Julie, 190

*Angeles Examiner, Los*, 96

*Angeles Times, Los*, 96

Antonioni, Michelangelo

   *Il grido*, 194

   *La aventura*, 118

Aragon, Louis, 265

Argosy, productora, 68

Auber, Brigitte, 37

Aulier, Dan: *Vertigo*, 50, 51, 78, 83, 140, 207

Aviador Dro: «Obsesión», 11


Bacall, Lauren, 87

Balaban, Barney, 208

*Band Wagon, The*, 108

Barr, Charles, 81, 176, 208, 209

Barrie, John M.: *Mary Rose*, 57

Barthes, Roland, 154

Bass, Saul, diseñador, 252

*bazar de las sorpresas, El*, 79

Bazin, André, 135, 159

Bennett, Joan, 73

Bergman, Ingrid, 72, 83, 87, 92

Bergstrom, Janet, 169

Berlioz, Hector, 91

Bernard, Cindy, 22

Bernhardt, Curtis: *Carrefour*, 70

Bidisha Mamata, sobre las mujeres de Hitchcock, 34

Bierce, Ambrose
   *An Occurrence at Owl Creek Bridge*, 64, 65
   *The Man Out of the Nose*, 65-66

Billson, Anne, 167, 250

Blackwell, Gabriel: *Madeleine E.*, 22

Bogdanovich, Peter, 25, 31, 158

Boileau, Pierre, 54
   *D'entre les morts*, 49, 51-52, 53, 54-55, 67
   *Las diabólicas*, 52

Bordwell, David, 108, 109, 112, 113-114, 115

Borzage, Frank, 67
   *Moonrise*, 50

Braudy, Leo, 133

Brecht, Bertolt, 233

Breton, André, 23
   *Nadja*, 180

Buchan, John: *39 escalones*, 52

*Buddenbrook, Los*, 264

Bumstead, Henry, 238

Buñuel, Luis, 68, 70
   *Abismos de pasión*, 91
   *Belle de jour*, 86
   *Él*, 68-69
   *Ensayo de un crimen*, 69
   *Tristana*, 68
   *Viridiana*, 69

Burch, Noël, 108

Burks, Robert, director de fotografía, 76, 77, 146, 235, 236

Burr, Raymond, 79

Cabrera Infante, Guillermo, 15, 27, 62, 68, 86-87, 91, 105, 179. 181-182, 184

*Cahiers du Cinéma*, 25, 31, 265
Camporesi, Valeria, 112
Canetti, Elias: *Libro de los muertos*, 11
Carreño, José María, 24, 29, 207, 217
Carroll, Noël, 187
Carson, Anne, 66
*Casino*, 187
Castro de Paz, José Luis, 108, 113, 115, 116-117, 119, 124-125, 130, 262
Cavalletti, Andrea, 231
Cavell, Stanley, 241
Chabrol, Claude, 26, 98, 105, 134
Chaplin, Geraldine, 20
Chesterton, Gilbert Keith, 105
Christ, Ronald, 130
cine negro, 119, 182, 237
*Cinema*, revista, 99
CinemaScope, 76, 77
Cinerama, pantalla curva del, 76
Clouzot, Henri-Georges, 52
Cohen, Paula Marantz, 23, 132-133, 225
Cohn, Harry, 84, 85

Colbert, Claudette, 70
Coleman, Herbert, 207
Comolli, Jean-Louis, 25
*Companion*, 31
Conrad, Peter, 41
Cooper, Gary, 67, 160
Cooper, Merian C., 68
Coppel, Alec, coguionista de *Vertigo*, 56-57, 58
Córdova, Arturo de, 69
Costa, João Bénard da, 39
Cotten, Joseph, 69
Coursodon, Jean-Pierre: *50 años de cine norteamericano*, 34
Cousins, Mark: *My Name is Alfred Hitchcock*, 32
Crawford, Joan, 160
Cukor, George
    *Historias de Filadelfia*, 79
    *Sylvia Scarlett*, 160
Curran, Jean, 22

*Dallas*, serie televisiva, 88
Day, Doris, 91
De Palma, Brian: *Obsesión*, 19
Deleuze, Gilles, 104
DeMille, Cecil B.: *Los diez mandamientos*, 77

Deneuve, Catherine, 20, 86

Dern, Bruce, 190

Derrida, Jacques, 241

Desplechin, Arnaud: *Cuento de Navidad*, 20

Didion, Joan, 241

Dieterle, William: *Portrait of Jennie*, 71

Dietrich, Marlene, 67, 156, 160

*Dimensión desconocida*, 65

Disney: *Fantasia*, 173

Dixon, Simon, 128

Doty, Alexander, 189

Downey Jr., Robert, 20

Dreyer, Carl, 148

  *¿Y qué hay de Ordet?*, 73

Durgnat, Raymond, 153

Duryea, Dan, 73

Edouart, Farciot, procesador fotográfico, 77

Eisenstein, Serguei, 111, 132, 143

Enrico, Robert, 65

*Escándalo en Broadway*, 265

escopofilia, teoría de la, 155, 156, 158

Esquenazi, Pierre, 126

*Esquire*, revista, 177

Eurídice, 62, 63

*Eva quiere dormir*, 95

Evans, Ray: «Que sera, sera», 91

Falcinelli, Riccardo, 148

*Falcon Crest*, serie televisiva, 86

Fassbinder, Rainer Werner, 165

feminismo, 26, 149

  sobre el cine, 32, 152, 153

  sobre Hitchcock, 34, 40, 41, 151, 176

*femme fatale*, 69, 160, 182, 227

Ferguson, John, 178

Fernández-Santos, Ángel, sobre *Vertigo*, 43

Ferragamo, 22

Ferren, John, 172, 252

Festival de Cannes, 148

Festival de San Sebastián, 95

*Film Weekly*, revista, 34

Flaubert, Gustave: *La educación sentimental*, 171

*Focus on Hitchcock*, 31

Fonda, Henry, 72, 105

Ford, John, 68

*Centauros del desierto*, 77
*Dos cabalgan juntos*, 81
*Mogambo*, 52-53
Freedman, Jonathan, 233, 247, 248
Freud, Sigmund, 154, 244, 248
Friedlander, Eli, 146
Frost, Mark: *Twin Peaks*, 21-22

Gaumont, productora británica, 56, 79, 116
Gazzara, Ben: *Todos rieron*, 11
Geddes, Barbara Bel, 88, 181
Gilmore, Richard, 102, 111
Gimferrer, Pere, 55, 114
*Girl, The*, telefilm de HBO, 36
Godard, Jean-Luc, 111, 265
    *Al final de la escapada*, 108
    *Histoire(s) du cinéma*, 27-28, 111
Goldwyn, Samuel, 31
González Requena, Jesús, 115
Gordon, Bette: *Variety*, 20-21
*gran Gatsby, El*, 182
Grant, Cary, 26, 66, 99, 160, 190

Greene, Graham, 105
Greene, Roland, 239, 240
Grierson, John, sobre Hitchcock, 30
Griffith, David W., 107, 115, 132
Guadagnino, Luca, 22
*Guardian, The*, 34
Guerín, José Luis: *En la ciudad de Sylvia*, 20
Guerra Fría, 53, 233
Guinness, Alec, 56
Gunning, Tom, sobre el «cine de atracciones», 33

Haeffner, Nicholas, 28, 32, 158, 244
Haneke, Michel: *Código desconocido*, 21
Hannay, Richard, 174, 176
Hansen, Miriam, 16-17
Harris, Barbara, 39, 190
Harris, Robert, 14
Harrison, Joan, 208
*Harvey*, 80
Haskell, Molly, 35, 153, 258
*Hatari*, 53
Hathaway, Henry: *Niágara*, 69
Hawks, Howard

*I Was a Male War Bride*, 160

*Rio Bravo*, 108

Head, Edith, diseñadora de vesturaio, 76

Hecht, Ben, 243

Hedren, Tippi, 26, 36-37, 40

Helmore, Tom, 87

Hemmeter, Thomas, 104

Hepburn, Katharine, 160

Herrmann, Bernard, autor de la banda sonora de *Vertigo*, 88-89, 90, 92, 136, 142, 250

*Souvenirs de voyage*, 90

*Hiroshima, mon amour*, 108

*Hitchcock Reader, A*, 31-32

Hitchcock, Alfred, 13, 14-15

adaptación de la novela de Boileau y Narcejac, 55-56

cameos propios dentro de sus películas, 127-129, *128*, 130-131

como un reconocido innovador, 97

control creativo sobre sus películas, 162-163

controversias sobre, 32-33

convenciones del espionaje en las obras de, 233

críticas feministas no unánimes contra, 40-41

elección de actores para *Vertigo*, 78-88

emancipación de su historicidad del cine de, 232

en el rodaje de *Vertigo*, 75-77, 93-94

lenguaje psicoanalítico en los films de, 243-249

libros sobre, 31-32

planos con clímax situacionales como marcas de, 139-146

postulados feministas en relación al cine de, 150-152

problemas de salud, 75

relación con las mujeres en su filmografía, 34-39

reputación artística de, 132

significación del cine de, 134

vitalidad e influencia de, 25, 26-27

*Alarma en el expreso*, 100, 116

*Atormentada*, 110-111, 191

*Atrapa a un ladrón*, 37, 101

*Con la muerte en los talones*, 29, 30, 53, 66, 95, 101, 104, 106, 129, 176, 178, 190

*Cortina rasgada*, 190

*Crimen perfecto*, 76, 191

*De entre los muertos*, véase *Vertigo*

*El agente secreto*, 87

*El hombre que sabía demasiado*, 79, 80, 91, 191

*El ring*, 87

*Encadenados*, 104, 127, 129, 133, 143, *145*, 159, 189, 233, 243

*Extraños en un tren*, 76, 129, 143, *145*, 189

*Falso culpable*, 51, 82, 95, 105, 132, 191

*Flamingo Feather*, proyecto de, 52, 56

*Frenesí*, 100, 102, 140, 143, 190

*Incident at a Corner*, obra televisiva, 83

*Inocencia y juventud*, 133, 190

*La soga*, 51, 79, 107, 133, 189

*La sombra de una duda*, 39, 113, 133, 191

*La trama*, 39, 101, 190

*La ventana indiscreta*, 27, 51, 65, 79, 95, 101, 116, 176, 181, 191

*Los pájaros*, 36, *38*, 107, 140, 143, 144, 190

*Marnie*, 37, 176, 189, 243

*Matrimonio original*, 189

*Pánico en la escena*, 39, 129, 167

*Pero... ¿quién mató a Harry?*, 101, 172-173

*Posada Jamaica*, 132

*Psicosis*, 29, 33, 53, 62, 76, 83, 92, *93*, 101, 102, 107, 111, 118, 190, 232, 243

*Rebeca*, 27, 62, 159, 191

*Recuerda*, 92, 113, 129, 159, 243, 247-248

*Sabotaje*, 116, 233

*Sospecha*, 143, 159, 189

*Topaz*, 100, 106, 189, 233

*39 escalones*, 104, 116, 133, 176, 189, 232

*Yo confieso*, 106

Hitchcock, Patricia, hija de Alfred, 33, 39, 74

*Hitchcock's America*, 31

*Hitchcock's Rereleased Films*, 31

Hoffmann, E. T. A.: *El hombre de la arena*, 63

Holden, William, 58

Holland, Norman, 127

*Hollywood Reporter, The*, revista, 83, 95

Hopper, Dennis, 114

Horowitz, Joseph, 89

Horwitz, Margaret, 244

Huston, John: *La reina de África*, 52


Jameson, Fredric, 233

Johnston, Claire, 153

Jones, Henry, 102

Jones, Toby, 36

Julibert, Elisenda, 171, 226, 227


Kaplan, George, 101

Katz, James, 14

Kazan, Elia: *La gata sobre el tejado de zinc caliente*, 88

Keane, Marian, 158, 163, 193

Kelly, Grace, 37, 40, 52, 83, 87, 191

Kinugasa, Teinosuke: *La puerta del infierno*, 148

Kitching, Joshua, 240-241, 242

Kraft, Jeff, 234

Krohn, Bill, 72

Kuhn, Annette, 153


*Lady Chatterley*, 264

Lang, Fritz
  *Furia*, 113
  *La muerte cansada*, 72
  *Perversidad*, 72-73, 160
  *You and Me*, 50

Lauretis, Teresa de, 260

Lawrence, Amy, 81-82

Lean, David
  *Breve encuentro*, 68
  *Madeleine*, 68

*Leave Her to Heaven*, 86

Lee, Sheryl, 22

Lehman, Ernst, 53

Leigh, Janet, 26

Leisen, Mitchell, 56

Leitch, Thomas, 32

Leventhal, Aaron, 234

Levine, Susan, 28, 67, 174, 192, 211, 256

Lindbergh, Charles, 80

Linderman, Deborah, 121

Livingston, Jay: «Que sera, sera», 91

Logan, Joshua: *Picnic*, 58

López Vázquez, José Luis, 20

Lubitsch, Ernst
 *Deseo*, 67
 *Ninotchka*, 77

Lynch, David, 124
 *Mulholland Drive*, 86
 *Twin Peaks*, 21-22

MacMurray, Fred, 84

MacPhail, Angus, 56

Maddin, Guy: *The Green Fog*, 22

Mamet, David, 110

Mamoulian, Rouben: *Silk Stockings*, 77

*Manhattan Transfer*, 264

Mann, Anthony, 79, 82, 233

Marker, Chris
 sobre *Vertigo*, 13-14, 18, 23, 25, 65, 174, 217, 228
 *La jetée*, 19

Marshall, George: *Red Garters*, 108

Mathieson, Muir, 90

*Matrix*, 109

McCarten, John, 96

McElhaney, Joe, 173

McGilligan, Patrick, biografía de Hitchcock, 32, 37, 51, 86, 207

McGowan, Todd, 249

McKittrick, Casey, 33, 130, 189

Meeker, Ralph, 82

*Memorias del subsuelo*, 264

Menarini, Roy, 259

Miles, Vera, 40, 51, 82-84, 86, 87

Milestone, Lewis, 56

Miller, Glenn, 80

Miller, Sienna, 36

Millinagton, Richard, 233

*minas del rey Salomón, Las*, 52

Minnelli, Vincente: *Designing Woman*, 87

Modleski, Tania, 162-163, 164
 *Las mujeres que sabían demasiado*, 40

Moffitt, Jack, 95-96

Mogg, Ken, 59, 62, 70, 71

Moldes, Diego, 21

Monicelli, Mario: *Rufufú*, 95

Monroe, Marilyn, 69

Monterde, José Enrique, 115

Morin, Edgar, 179

Moullet, Luc, 80

*Movie*, revista, 31

Mueller, Richard, asesor cromático, 146

mujeres de Hitchcock, 34-35, 163, 166-167, 168-169

Mulvey, Laura, 35, 156, 157, 158, 159, 161, 163, 164, 183, 193, 193

    artículo sobre la mirada masculina, 152, 153, 154-155

Murnau, Friedrich Wilhelm, 132

    *Amanecer*, 50, 264

Nabokov, Vladimir: *Lolita*, 235

Narcejac, Thomas, 54

    *D'entre les morts*, 49, 51-52, 53, 54-55, 67

    *Las diabólicas*, 52

*Nashville*, 264

Ness, Richard, 159

*New Yorker, The*, 96

Newman, Paul, 190

Niro, Robert de, 187

Nolan, Christopher, 110

Novak, Kim, 16, 38, 40, 48, 58, 82, 84-86, 251, 253, 260

Oldmeadow, Harry, 161-162

Opie, Catherine, 22

Oshima, Nagisa, 108, 114

Ozu, Yasujirō, 41-42

    *Cuentos de Tokio*, 264

Pacific Film Archive de Berkeley, 14

Paglia, Camille, 86, 192

Pappas, Peter, 128

Paramount, 13, 14, 20, 51, 52, 76, 250

Peck, Gregory, 92

Penn, Arthur: *El zurdo*, 108

*Pepsi-Cola Playhouse, The*, serie cómica, 83

Peckinpah, Sam: *Grupo salvaje*, 264

Perkins, Victor Francis, 31, 111. 261

*Persona*, 114-115

Petzold, Christian: *Phoenix*, 20

Pippin, Robert, 24, 62, 141, 174, 185, 187, 219, 222, 255, 259

Pirie, David, 208

Poague, Leland, 32

Poe, Edgar Allan
   *El retrato oval*, 63-64
   *Ligeia*, 64

Polanski, Roman: *Repulsión*, 86

Pomerance, Murray, 139, 140, 145

Post, Laurens van der, 52

Powell, Michael: *Peeping Tom*, 73

Preminger, Otto: *Laura*, 71
   *Carmen Jones*, 252
   *El hombre del brazo de oro*, 252
   *Laura*, 119

Proust, Marcel, 66, 67

Pynchon, Thomas: novela
   *Vicio propio*, 20

Quine, Richard
   *Pushover*, 84
   *Strangers When We Meet*, 84

Rancière, Jacques, 55

Ray, Nicholas, 111
   *Johnny Guitar*, 50, 160

Reed, Carol: *El tercer hombre*, 119, 264

Renoir, Jean: *La regla del juego*, 41, 264

*reportero, El*, 114-115

Resnais, Alain, 114

Reville, Alma, esposa de Hitchcock, 38-39, 52, 56, 75, 85

Roberts, Irmin, 140

Robertson, Peggy, supervisora de producción, 93

Robinson, Edward G., 72-73

Roche, Mark, 33, 195

Rodenbach, Georges: *Brujas la muerta*, 59-60

Rohmer, Éric, 26, 98, 105, 134, 241-242, 252, 257

*Rojo y negro*, 265

Rosen, Marjorie, 153

Ross, Alex, 89

Rossellini, Roberto
   *Roma, ciudad abierta*, 264
   *Stromboli*, 72
   *Te querré siempre*, 108

Rothman, William, 27, 231

Russo, Eduardo, 16, 80, 109, 120

Rutland, Mark, 176

Saint, Eva Marie, 37-38, 190

Salzberg, Ana, 77

Sánchez Ferlosio, Rafael, 42

Sandhu, Sukhdev, 33

Sarris, Andrew, 31, 132, 179

Saura, Carlos: *Peppermint frappé*, 20

Scheuer, Philip, 96

Scorsese, Martin, 50
*Taxi Driver*, 264

Scott, Gordon, 83

Scott, Helen, 170

Selznick, David O., 79, 92, 116

Serrano de Haro, Amparo, 179

Shostakóvich, Dmitri, 91

Sidney, George: *The Eddy Duchin Story*, 84

Siegel, Donald: *The Lineup*, 236

*Sight & Sound*, revista, 17, 41, 110

*signo de Leo, El*, 108

Silverman, Kaja, 165

Simenon, Georges: *Carta a mi juez*, 60, 61

Singer, Brian: *Sospechosos habituales*, 109

Siodmak, Robert: *Phantom Lady*, 71, 119

Sirk, Douglas: *Thunder on the Hill*, 69-70

Smith, Susan, 134

Solnit, Rebecca, 182, 184, 216-217, 239

Spielberg, Steven, 33

Spoto, Donald, 25, 147, 194, 224, 257
*Spellbound by Beauty*, 36, 181
*The Dark Side of Genius*, 32

Stanwyck, Barbara, 72

Stefano, Joseph, 243

Sternberg, Josef von, 156
*Anatahan*, 108
*Marruecos*, 160

Stevens, George: *I Remember Mama*, 70

Stewart, James, 40, 47, 52, 65, 79-82, *82*, 191, 251

Stone, Sharon, 187

Stratten, Dorothy, 25

Sturges, Preston: *Las tres noches de Eva*, 72

Sullivan, Jack, 90, 92

*Swank*, revista, 177

Tarkovski, Andrei, 114

Tarr, Béla, 114

Tavernier, Bertrand: *50 años de cine norteamericano*, 34

Taylor, John Russell, 39-40, 220

Taylor, Samuel, guionista de *Vertigo*, 22, 25, 57-59, 65, 84, 104, 167, 181, 186, 194, 207, 208, 238, 255

Thomson, David, 18, 35, 36, 41, 176, 253

Thornhill, Roger, 101, 106, 129, 176, 178

Tierney, Gene, 86, 119

Tocqueville, Alexis de, 233

Tomasini, George, montador, 76

Trías, Eugenio, 42, 63, 140, 147, 174, 210, 254

*Tristán e Isolda*, 91

Truffaut, François, entrevista con Hitchcock, 35, 61, 104, 127, 133, 168, 169, 170, 209, 224

Turner, Lana, 154

Twentieth Century Fox, 76

Usón, Fernando, 146, 147, 148

Velázquez, Diego: *Las meninas*, 138

*Vertigo*, 19, 50, 137, 144

actores secundarios de, 251

alusiones en otras películas, 20-22

banda sonora de, 88-92

brusquedades narrativas de, 118-122

como inspiración para el mundo de la moda, 22

convenciones narrativas de, 122-126

críticas sobre, 95-96

culto cinéfilo de, 18

elección de los actores, 78-88

elección del título, 94

en el clasicismo cinematográfico, 106-117

«espectralidad» de, 241-242

estreno de (9 de mayo de 1958), 13, 94-95, 107

familiaridad con el psicoanálisis de los personajes de, 244-246

fracaso relativo de público, 95, 120

genealogía de, 59-66

glorioso futuro de, 263-264

guion de, 53-54, 55, 56-59

importancia de San Francisco en, 234, 237, 242-243

influencias en otras películas, 66-75

localizaciones de, 234-240

planos con clímax situacionales en, 139-144

reestreno (1983), 17

rodaje de, 75-77, 93-94

secreto de su vitalidad, 266

secuencia crucial de, 199-200

sensibilidad contemporánea y, 149-150

teorías feministas proyectadas contra, 34, 35-36, 42, 149-152

tours para visitar las localizaciones de, 19

trama de, 47-50, 57, 117, 118, 254

versión restaurada de (1996), 14

*Vida y destino*, 264

Vidor, King: *El manantial*, 50

Vista Vision, procesamiento del color de, 76, 77, 146, 236, 251

Vitti, Monica, 154

Walker, Michael, 99-100, 106, 165, 176

Warhol, Andy, 28

Wasserman, Lew, agente de Hitchcock, 51, 208

Waterbury, Ruth, 96

Weinstein, Harvey, caso, 35

Welles, Orson, 18, 111

*Ciudadano Kane*, 17, 50

*El cuarto mandamiento*, 264

*La dama de Shanghái*, 160

*Otelo*, 108

*Sed de mal*, 108

Wellman, William: *Ha nacido una estrella*, 86

Wexman, Virginia, 84-85, 182

White, Edward, 26, 167, 193

Whitney, John, 252

Williams, Linda, 33

Witt, Michael, 111

Wollen, Peter, 180

Wong Kar-Wai, 146

Wood, Robin, 34, 96, 99, 151,
    152, 166, 194, 219
    *Hitchcock's Films*, 31, 40, 65
    *Hitchcock's Films Revisited*,
    151
Wright, Teresa, 39, 191
Wyler, William

*Cumbres borrascosas*, 91
*Los mejores años de nuestra
    vida*, 165
Wyman, Jane, 39, 167

Žižek, Slavoj, 32
Zumalde, Imanol, 24

«Para viajar lejos no hay mejor nave que un libro».

EMILY DICKINSON

# Gracias por tu lectura de este libro.

En **penguinlibros.club** encontrarás las mejores recomendaciones de lectura.

Únete a nuestra comunidad y viaja con nosotros.

**penguinlibros.club**

Este libro
se terminó de imprimir en
Casarrubuelos, Madrid,
en el mes de febrero de 2024